Cuisine Sous Vide

La Maîtrise de la Cuisson Précise

Élise Dupont

Table des matières

Saucisse Douce & Raisins 10
Côtes levées sucrées avec sauce soja à la mangue 11
Côtelettes sucrées et courgettes aux amandes 13
Côtelettes de porc avec sauté de poivrons et de maïs.................. 15
Longe de porc crémeuse au cognac... 17
Jarrets de porc aux tomates et aux carottes................................... 19
Côtelettes de porc sauce au café épicé 21
Filet épicé... 23
Côtelettes de porc salées aux champignons.................................. 24
Soupe à la crème de pancetta et de maïs....................................... 26
Brochettes de porc au cumin et à l'ail.. 28
Superbes côtelettes de porc avec glaçage balsamique................ 30
Chou rouge et pommes de terre avec saucisse 32
Longe de Porc aux Amandes 34
Porc agréable en salsa verde... 36
Côtes de porc épicées à la noix de coco.. 38
Côtes levées juteuses au barbecue.. 40
Filets de porc à l'ail 42
Filet de Porc Sarriette Thym & Ail 43
Côtelettes de porc sauce aux champignons................................... 45
Saucisses aux pommes sucrées.. 47
Tacos au porc à l'orange douce 48
Carnitas de porc mexicaines avec salsa roja.................................. 50
Tacos de poulet au chili et chorizo avec fromage 52

- Poulet aux Légumes 54
- Poulet épicé au miel facile 56
- Poulet Cordon Bleu Classique 58
- Poulet frit maison croustillant 60
- Poitrines de poulet épicées 62
- Wraps de laitue savoureux avec poulet au gingembre et au piment 64
- Poitrines de poulet au citron aromatique 66
- Poulet à la moutarde et à l'ail 68
- Poulet entier 69
- Délicieuses ailes de poulet à la sauce Buffalo 70
- Délicieuses cuisses de poulet à la sauce aigre-douce 71
- Poitrines de poulet à la sauce cajun 73
- Poitrines de poulet sriracha 74
- Poulet persillé sauce curry 75
- blanc de poulet pané au parmesan 76
- Poulet haché aux tomates 77
- Ragoût de poulet aux champignons 78
- Poitrine de poulet sans cuisson la plus facile 80
- Cuisses de poulet à l'orange 81
- Poulet au Thym au Citron 83
- Salade de Poulet au Poivre 84
- Poulet entier 86
- Cuisses de poulet épicées simples 88
- Ailes de poulet Buffalo 89
- Galettes de poulet effilochées 91
- Cuisses de poulet à la purée de carottes 93

Poulet au citron à la menthe	95
Poulet à la confiture de cerises	96
Pilons de poulet sucrés et épicés	97
Poitrines de poulet farcies	99
Poulet piquant	101
Cuisses de poulet méditerranéennes	103
Poitrines de poulet à la sauce harissa	104
Poulet à l'ail aux champignons	105
Cuisses de Poulet aux Herbes	107
Pudding de poulet aux coeurs d'artichauts	109
Salade de courge musquée et de poulet aux amandes	111
Salade de Poulet & Noix	113
Chair de crabe avec sauce au beurre de citron vert	115
Saumon rapide à la mode du Nord	116
Truite savoureuse à la moutarde et à la sauce tamari	117
Thon au sésame avec sauce au gingembre	118
Rouleaux de crabe divins à l'ail et au citron	120
Pieuvre carbonisée aux épices avec sauce au citron	122
Brochettes de crevettes à la créole	124
Crevettes à la sauce épicée	126
Flétan aux échalotes et à l'estragon	127
Morue au beurre d'herbes et au citron	129
Mérou au Beurre Nantais	131
Flocons de thon	133
Pétoncles au beurre	134
Sardines à la menthe	135
Daurade au Vin Blanc	136

Salade de saumon et chou frisé à l'avocat	137
Saumon Gingembre	139
Moules au Jus de Citron Frais	140
Steaks de thon marinés aux herbes	141
Galettes de chair de crabe	143
Éperlans au piment	145
Filets de silure marinés	147
Crevettes persillées au citron	149
Flétan sous vide	150
Sole au Beurre Citronné	152
Ragoût de morue au basilic	154
Tilapia facile	155
Saumon aux asperges	156
Maquereau au curry	157
Calmar au romarin	158
Crevettes Frites Au Citron	159
Gril de poulpe	160
Darnes de saumon sauvage	162
Ragoût de tilapia	163
Coques au beurre aux grains de poivre	165
Truite à la coriandre	167
Anneaux de calmar	168
Salade de crevettes au chili et à l'avocat	169
Vivaneau rouge au beurre avec sauce aux agrumes et au safran	171
Filet de cabillaud en croûte de sésame	173
Saumon crémeux aux épinards et sauce à la moutarde	175

- Pétoncles au paprika avec salade fraîche..................177
- Pétoncles en sauce à la mangue..................179
- Poireau et crevettes avec vinaigrette à la moutarde 181
- Soupe de crevettes à la noix de coco..................183
- Saumon au miel avec nouilles soba..................185
- Homard Gourmet à la Mayonnaise..................187
- Cocktail de crevettes de fête..................189
- Saumon citronné aux fines herbes..................191
- Queues de homard au beurre salé..................193
- Saumon thaï avec chou-fleur et nouilles aux œufs..................194
- Bar léger à l'aneth..................196
- Sauté de crevettes au piment doux..................197
- Crevettes thaïlandaises fruitées..................199
- Plat de crevettes au citron à la dublinoise..................201
- Pétoncles juteux avec sauce chili à l'ail..................203
- Crevettes au curry avec nouilles..................205
- Cabillaud crémeux salé au persil..................206
- Pot de Rillettes au Saumon..................208
- Saumon à la sauge avec purée de pommes de terre à la noix de coco..................209
- Bol bébé pieuvre à l'aneth..................211
- Saumon Salé Sauce Hollandaise..................212
- Incroyable saumon citronné au basilic..................214
- Bouchées d'œufs au saumon et aux asperges..................216
- Crevettes à la moutarde à l'ail..................218
- Délicieux risotto au homard et au fromage..................220
- Fromage Tabasco Edamame à l'ail..................222

Saucisse Douce & Raisins

Temps de préparation + cuisson : 1h20 | Portions : 4

Ingrédients

2 ½ tasses de raisins blancs sans pépins avec la tige enlevée
1 cuillère à soupe de romarin frais haché
2 cuillères à soupe de beurre
4 saucisses italiennes douces entières
2 cuillères à soupe de vinaigre balsamique
Sel et poivre noir au goût

Directions

Préparez un bain-marie et placez-y le Sous Vide. Réglez à 160 F.

Placez les raisins, le romarin, le beurre et les saucisses dans un sac hermétique. Libérer l'air par la méthode de déplacement d'eau, sceller et plonger le sac dans le bain-marie. Cuire pendant 60 minutes.

Une fois le minuteur arrêté, retirer les saucisses et transférer le jus de cuisson et les raisins dans une casserole à feu moyen. Verser le vinaigre balsamique et faire bouillir 3 minutes. Assaisonnez avec du sel et du poivre. Faire chauffer une poêle à feu moyen et saisir les saucisses pendant 3-4 minutes. Servir avec la sauce et les raisins.

Côtes levées sucrées avec sauce soja à la mangue

Temps de préparation + cuisson : 36 heures 25 minutes | Portions : 4

Ingrédients

4 livres de côtes levées de porc

Sel et poivre noir au goût

1 tasse de jus de mangue

¼ tasse de sauce soja

3 cuillères à soupe de miel

1 cuillère à soupe de pâte d'ail chili

1 cuillère à soupe de gingembre moulu

2 cuillères à soupe d'huile de noix de coco

1 cuillère à café de poudre de cinq épices chinoises

1 cuillère à café de coriandre moulue

Directions

Préparez un bain-marie et placez-y le Sous Vide. Réglé à 146 F.

Assaisonnez les côtes de sel et de poivre et placez-les dans un sac hermétique. Libérer l'air par la méthode de déplacement d'eau, sceller et plonger le sac dans le bain-marie. Cuire pendant 36 heures. Une fois le minuteur arrêté, retirez les côtes et séchez-les. Jeter les jus de cuisson.

Chauffer une casserole à feu moyen et faire bouillir le jus de mangue, la sauce soja, le piment, la pâte d'ail, le miel, le gingembre, l'huile de noix de coco, les cinq épices et la coriandre pendant 10 minutes jusqu'à ce qu'ils soient réduits. Arroser les côtes avec la sauce. Transférer sur une plaque à pâtisserie et cuire 5 minutes au four à 390 F.

Côtelettes sucrées et courgettes aux amandes

Temps de préparation + cuisson : 3 heures 15 minutes | Portions : 2

Ingrédients

2 côtelettes de longe de porc
Sel et poivre noir au goût
3 cuillères à soupe d'huile d'olive
1 cuillère à soupe de jus de citron fraîchement pressé
2 cuillères à café de vinaigre de vin rouge
2 cuillères à café de miel
2 cuillères à soupe d'huile d'olive
2 courgettes moyennes, coupées en rubans
2 cuillères à soupe d'amandes grillées

Directions

Préparez un bain-marie et placez-y le Sous Vide. Réglez à 138 F. Placez le porc assaisonné dans un sac scellable sous vide. Ajouter 1 cuillère à soupe d'huile d'olive. Libérer l'air par la méthode de déplacement d'eau, sceller et plonger le sac dans le bain-marie. Cuire pendant 3 heures.

Mélanger le jus de citron, le miel, le vinaigre et 2 cuillères à soupe d'huile d'olive. Assaisonnez avec du sel et du poivre. Une fois le minuteur arrêté, retirez le sachet et jetez les jus de cuisson. Chauffer l'huile de riz dans une poêle à feu vif et saisir le porc 1 minute de chaque côté. Retirer du feu et laisser reposer 5 minutes.

Pour la salade, dans un bol, mélanger les courgettes avec le mélange à vinaigrette. Assaisonnez avec du sel et du poivre. Transférer le porc dans une assiette et servir avec les courgettes. Garnir d'amandes.

Côtelettes de porc avec sauté de poivrons et de maïs

Temps de préparation + cuisson : 1h10 | Portions : 4

Ingrédients

4 côtelettes de porc

1 petit poivron rouge, coupé en dés

1 petit oignon jaune, coupé en dés

2 tasses de grains de maïs surgelés

¼ tasse de coriandre

Sel et poivre noir au goût

1 cuillère à soupe de thym

4 cuillères à soupe d'huile végétale

Directions

Préparez un bain-marie et placez-y le Sous Vide. Réglez à 138 F. Saupoudrez le porc de sel et placez-le dans un sac hermétique. Libérer l'air par la méthode de déplacement d'eau, sceller et plonger le sac dans un bain-marie. Cuire pendant 1 heure.

Chauffer l'huile dans une poêle à feu moyen et faire revenir l'oignon, le poivron rouge et le maïs. Assaisonnez avec du sel et du poivre. Incorporer la coriandre et le thym. Mettre de côté. Une fois le minuteur arrêté, retirez le porc et transférez-le dans la poêle chaude. Faire dorer 1 minute de chaque côté. Servir le porc avec des légumes sautés.

Longe de porc crémeuse au cognac

Temps de préparation + cuisson : 4 heures 50 minutes | Portions : 4

Ingrédients

3 livres de rôti de longe de porc désossé

Sel au goût

2 oignons émincés

¼ tasse de cognac

1 tasse de lait

1 tasse de crème au fromage

Directions

Préparez un bain-marie et placez-y Sous Vide. Régler à 146 F. Assaisonner le porc avec du sel et du poivre. Faire chauffer une poêle à feu moyen et saisir le porc pendant 8 minutes. Mettre de côté. Incorporer l'oignon et cuire 5 minutes. Ajouter le cognac et cuire jusqu'à frémissement. Laisser refroidir pendant 10 minutes.

Placez le porc, l'oignon, le lait et la crème dans un sac hermétique. Libérer l'air par la méthode de déplacement d'eau, sceller et plonger dans le bain-marie. Cuire pendant 4 heures. Une fois le minuteur arrêté, retirez le porc. Réserver, garder au chaud. Faites chauffer une casserole et versez-y le jus de cuisson. Remuer pendant 10 minutes jusqu'à frémissement. Assaisonnez avec du sel et du poivre. Couper le porc et napper de sauce à la crème pour servir.

Jarrets de porc aux tomates et aux carottes

Temps de préparation + cuisson : 48 heures 30 minutes | Portions : 4

Ingrédients

2 jarrets de porc
1 boîte (14,5 onces) de tomates en dés avec du jus
1 tasse de bouillon de boeuf
1 tasse d'oignon finement haché
½ tasse de bulbe de fenouil finement coupé en dés
½ tasse de carottes finement coupées en dés
Sel au goût
½ tasse de vin rouge
1 feuille de laurier

Directions

Préparez un bain-marie et placez-y le Sous Vide. Réglez sur 149 F. Retirez la graisse du ventre des jarrets et placez-la dans un sac scellable sous vide. Ajouter les ingrédients restants Libérer l'air par la méthode de déplacement d'eau, sceller et plonger le sac dans le bain-marie. Cuire pendant 48 heures.

Une fois le minuteur arrêté, retirez le jarret et jetez la feuille de laurier. Réservez le jus de cuisson. Placer le jarret dans une plaque à pâtisserie et faire griller pendant 5 minutes jusqu'à ce qu'il soit doré. Faire chauffer une casserole à feu moyen et incorporer le jus de cuisson. Cuire 10 minutes jusqu'à épaississement. Arroser le porc de sauce et servir.

Côtelettes de porc sauce au café épicé

Temps de préparation + cuisson : 2 heures 50 minutes | Portions : 4

Ingrédients

4 côtelettes de porc avec os
1 cuillère à soupe de poudre de paprika
1 cuillère à soupe de café moulu
1 cuillère à soupe de cassonade
1 cuillère à soupe de sel d'ail
1 cuillère à soupe d'huile d'olive

Directions

Préparez un bain-marie et placez-y le Sous Vide. Réglez à 146 F. Placez le porc dans un sac scellable sous vide. Libérer l'air par la méthode de déplacement d'eau, sceller et plonger le sac dans un bain-marie. Cuire pendant 2 heures et 30 minutes.

Pendant ce temps, préparez la sauce en mélangeant bien la poudre de paprika, le café moulu, la cassonade et le sel d'ail. Une fois le minuteur arrêté, retirez le porc et séchez-le.

Arroser le porc avec la sauce. Chauffer l'huile dans une poêle à feu vif et saisir le porc 1 à 2 minutes de chaque côté. Laisser reposer 5 minutes. Couper le porc en tranches et servir.

Filet épicé

Temps de préparation + cuisson : 3 heures 15 minutes | Portions : 4

jeingrédients

1 livre de filet de porc, paré
Sel au goût
½ cuillère à café de poivre noir
3 cuillères à soupe de pâte de piment

Directions

Préparez un bain-marie et placez-y le Sous Vide. Réglé à 146 F.

Mélanger le filet avec du sel et du poivre et le mettre dans un sac hermétique. Libérer l'air par la méthode de déplacement d'eau, sceller et plonger le sac dans le bain-marie. Cuire pendant 3 heures.

Une fois le minuteur arrêté, retirez le porc et badigeonnez-le de pâte de piment. Faire chauffer un gril à feu vif et saisir le filet pendant 5 minutes jusqu'à ce qu'il soit doré. Autoriser le repos. Couper le filet mignon en tranches et servir.

Côtelettes de porc salées aux champignons

Temps de préparation + cuisson : 65 minutes | Portions : 2

Ingrédients

2 côtelettes de porc épaisses avec os

Sel et poivre noir au goût

2 cuillères à soupe de beurre, froid

4 oz de champignons sauvages mélangés

¼ tasse de xérès

½ tasse de bouillon de boeuf

1 cuillère à café de sauge

1 cuillère à soupe de marinade pour bifteck

Ail haché pour la garniture

Directions

Préparez un bain-marie et placez-y le Sous Vide. Réglé à 138 F.

Mélangez le porc avec du sel et du poivre et placez-le dans un sac hermétique. Libérer l'air par la méthode de déplacement d'eau, sceller et plonger le sac dans le bain-marie. Cuire pendant 45 minutes.

Une fois le minuteur arrêté, retirez le porc et séchez-le. Jeter les jus de cuisson. Faire chauffer 1 cuillère à soupe de beurre dans une poêle à feu moyen et saisir le porc 1 minute de chaque côté. Transférer dans une assiette et réserver.

Dans la même poêle bien chaude, cuire les champignons 2-3 minutes. Incorporer le sherry, le bouillon, la sauge et la marinade jusqu'à ce que la sauce épaississe. Ajouter le reste du beurre et assaisonner de sel et de poivre; bien mélanger. Napper le porc avec la sauce et garnir de ciboulette à l'ail pour servir.

Soupe à la crème de pancetta et de maïs

Temps de préparation + cuisson : 1h15 | Portions : 4

Ingrédients

4 épis de maïs, grains émincés
4 cuillères à soupe de beurre
1 tasse de lait
1 feuille de laurier
Sel et poivre blanc au goût
4 tranches de pancetta cuite croustillante
2 cuillères à soupe de ciboulette ciselée

Directions

Préparez un bain-marie et placez-y le Sous Vide. Réglez à 186 F.

Mélanger les grains de maïs, le lait, les épis de maïs, 1 cuillère à soupe de sel, 1 cuillère à soupe de poivre blanc et la feuille de laurier. Placer dans un sac scellable sous vide. Libérer l'air par la méthode de déplacement d'eau, sceller et plonger le sac dans le bain-marie. Cuire pendant 1 heure.

Une fois le minuteur arrêté, sortez le sac et retirez les épis de maïs et la feuille de laurier. Passer le mélange au mixeur en mode purée pendant 1 minute. Si vous voulez une consistance différente, ajoutez un peu de lait. Assaisonnez avec du sel et du poivre. Garnir de pancetta et de ciboulette pour servir.

Brochettes de porc au cumin et à l'ail

Temps de préparation + cuisson : 4 heures 20 minutes | Portions : 4

Ingrédients

1 livre d'épaule de porc désossée, coupée en cubes

Sel au goût

1 cuillère à soupe de muscade moulue

1 cuillère à soupe d'ail haché

1 cuillère à café de cumin

1 cuillère à café de coriandre

1 cuillère à café d'ail en poudre

1 cuillère à café de cassonade

1 cuillère à café de poivre noir fraîchement moulu

1 cuillère à soupe d'huile d'olive

Directions

Préparez un bain-marie et placez-y le Sous Vide. Réglez à 149 F. Badigeonnez le porc de sel, d'ail, de muscade, de cumin, de coriandre, de poivre et de cassonade et placez-le dans un sac hermétique. Libérer l'air par la méthode de déplacement d'eau, sceller et plonger le sac dans le bain-marie. Cuire pendant 4 heures.

Faites chauffer un gril à feu vif. Une fois le minuteur arrêté, retirez le porc et transférez-le sur le gril. Cuire 3 minutes jusqu'à ce qu'ils soient dorés.

Superbes côtelettes de porc avec glaçage balsamique

Temps de préparation + cuisson : 3 heures 20 minutes | Portions : 2

Ingrédients

2 côtelettes de porc

Sel et poivre noir au goût

1 cuillère à soupe d'huile d'olive

4 cuillères à soupe de vinaigre balsamique

2 cuillères à café de romarin frais, haché

Directions

Préparez un bain-marie et placez-y le Sous Vide. Réglé à 146 F.

Mélangez le porc avec du sel et du poivre et placez-le dans un sac hermétique. Libérer l'air par la méthode de déplacement d'eau, sceller et plonger dans le bain-marie. Cuire pendant 3 heures. Une fois le minuteur arrêté, retirez le porc et séchez-le.

Faire chauffer l'huile d'olive dans une poêle et faire revenir les côtelettes pendant 5 minutes jusqu'à ce qu'elles soient dorées. Ajouter le vinaigre balsamique et laisser mijoter. Répétez le processus pendant 1 minute. Assiette et garnir de romarin et de sauce balsamique.

Chou rouge et pommes de terre avec saucisse

Temps de préparation + cuisson : 2 heures 20 minutes | Portions : 4

Ingrédients

½ tête de chou rouge, tranché

1 pomme, coupée en petits dés

24 oz de pommes de terre rouges, coupées en quartiers

1 petit oignon, tranché

¼ cuillère à café de sel de céleri

2 cuillères à soupe de vinaigre de cidre

2 cuillères à soupe de cassonade

Poivre noir au goût

1 livre de saucisse de porc fumée précuite, tranchée

½ tasse de bouillon de poulet

2 cuillères à soupe de beurre

Directions

Préparez un bain-marie et placez-y le Sous Vide. Réglez à 186 F. Combinez le chou, les pommes de terre, l'oignon, la pomme, le cidre, la cassonade, le poivre noir, le céleri et le sel.

Placer les saucisses et le mélange dans un sac hermétique. Libérer l'air par la méthode de déplacement d'eau, sceller et immerger le sac dans le bain-marie. Cuire pendant 2 heures.

Faire chauffer le beurre dans une casserole à feu moyen. Une fois le minuteur arrêté, retirez le sac et transférez le contenu dans une casserole. Cuire jusqu'à ce que le liquide s'évapore. Ajouter le chou, l'oignon et les pommes de terre et cuire jusqu'à ce qu'ils soient dorés. Répartir le mélange dans des assiettes de service.

Longe de Porc aux Amandes

Temps de préparation + cuisson : 3 heures 20 minutes | Portions : 2

Ingrédients

3 cuillères à soupe d'huile d'olive

3 cuillères à soupe de moutarde

2 cuillères à soupe de miel

Sel et poivre noir au goût

2 côtelettes de longe de porc avec os

1 cuillère à soupe de jus de citron

2 cuillères à café de vinaigre de vin rouge

2 cuillères à soupe d'huile de canola

2 tasses de bébés laitues mélangées

2 cuillères à soupe de tomates séchées finement tranchées

2 cuillères à café d'amandes grillées

Directions

Préparez un bain-marie et placez-y le Sous Vide. Réglé à 138 F.

Mélanger 1 cuillère à soupe d'huile d'olive, 1 cuillère à soupe de miel et 1 cuillère à soupe de moutarde et assaisonner de sel et de poivre. Badigeonner la longe avec le mélange. Placer dans un sac scellable sous vide. Libérer l'air par la méthode de déplacement d'eau, sceller et plonger le sac dans le bain-marie. Cuire pendant 3 heures.

Pendant ce temps, préparez la vinaigrette en mélangeant le jus de citron, le vinaigre, 2 cuillères à soupe d'huile d'olive, 2 cuillères à soupe de moutarde et le miel restant. Assaisonnez avec du sel et du poivre. Une fois le minuteur arrêté, retirez la longe. Jeter les jus de cuisson. Chauffer l'huile de canola dans une poêle à feu vif et saisir la longe pendant 30 secondes de chaque côté. Laisser reposer 5 minutes.

Pour la salade, mélanger dans un bol la laitue, les tomates séchées et les amandes. Mélanger les 3/4 de la vinaigrette Haut de longe avec la vinaigrette et servir avec la salade.

Porc agréable en salsa verde

Temps de préparation + cuisson : 24 heures 25 minutes | Portions : 8)

Ingrédients

2 livres d'épaule de porc désossée, coupée en cubes

Sel au goût

1 cuillère à soupe de cumin moulu

1 cuillère à café de poivre noir fraîchement moulu

1 cuillère à soupe d'huile d'olive

1 livre de tomatilles

3 piments poblano, finement épépinés et coupés en dés

½ oignon blanc finement haché

1 serrano épépiné et coupé en dés

3 gousses d'ail écrasées

1 botte de coriandre hachée grossièrement

1 tasse de bouillon de poulet

½ tasse de jus de citron vert

1 cuillère à soupe d'origan

Directions

Préparez un bain-marie et placez-y le Sous Vide. Régler à 149 F. Assaisonner le porc avec du sel, du cumin et du poivre. Chauffer l'huile dans une poêle à feu vif et saisir le porc pendant 5 à 7 minutes. Mettre de côté. Dans la même poêle, cuire les tomatilles, le poblano, l'oignon, le serrano et l'ail pendant 5 minutes. Transférer dans un robot culinaire et ajouter la coriandre, le jus de citron vert, le bouillon de poulet et l'origan. Mixer pendant 1 minute.

Placer le porc et la sauce dans un sac hermétique. Libérer l'air par la méthode de déplacement d'eau, sceller et plonger le sac dans le bain-marie. Cuire pendant 24 heures. Une fois le minuteur arrêté, retirez le sac et transférez dans des bols de service. Saupoudrez de sel et de poivre. Servir avec du riz.

Côtes de porc épicées à la noix de coco

Temps de préparation + cuisson : 8 heures 30 minutes | Portions : 4

Ingrédients

1/3 tasse de lait de coco

2 cuillères à soupe de beurre de coco

2 cuillères à soupe de sauce soja

2 cuillères à soupe de cassonade

2 cuillères à soupe de vin blanc sec

1 tige de citronnelle, hachée finement

1 cuillère à soupe de sauce sriracha

1 cuillère à soupe de gingembre frais, râpé

2 gousses d'ail, tranchées

2 cuillères à café d'huile de sésame

1 livre de côtes de porc désossées

Coriandre fraîche hachée

Riz basmati cuit pour servir

Directions

Préparez un bain-marie et placez-y le Sous Vide. Réglé à 134 F.

Dans un robot culinaire, mélanger le lait de coco, le beurre de coco, la sauce soja, la cassonade, le vin, la citronnelle, le gingembre, la sauce sriracha, l'ail et l'huile de sésame jusqu'à consistance lisse.

Placer les côtes et les badigeonner du mélange dans un sac hermétique. Libérer l'air par la méthode de déplacement d'eau, sceller et plonger le sac dans le bain-marie. Cuire pendant 8 heures.

Une fois le minuteur arrêté, retirez les côtes et transférez-les dans une assiette. Faites chauffer une casserole à feu moyen et versez-y le jus de cuisson. Cuire 10-15 minutes pour faire mijoter. Ajouter les côtes levées dans la sauce et bien mélanger. Cuire pendant 5 minutes. Garnir de coriandre et servir avec du riz.

Côtes levées juteuses au barbecue

Temps de préparation + cuisson : 16 heures 50 minutes | Portions : 5

Ingrédients

4 livres de côtes levées de dos de porc
3 ½ tasses de sauce barbecue
⅓ tasse de purée de tomates
4 oignons verts, hachés
2 cuillères à soupe de persil frais, haché

Directions

Préparez un bain-marie et placez-y le Sous Vide. Réglez à 162 F.

Placez les côtes séparées dans un sac scellable sous vide avec 3 tasses de sauce barbecue. Libérer l'air par la méthode de déplacement d'eau, sceller et plonger le sac dans le bain-marie. Cuire pendant 16 heures.

Dans un bol, mélanger le reste de la sauce BBQ et la purée de tomates. Réserver au réfrigérateur.

Une fois le minuteur arrêté, retirez les côtes et séchez-les avec un torchon. Jeter les jus de cuisson.

Préchauffer le four à 300 F. Badigeonner les côtes avec la sauce BBQ des deux côtés et transférer au four. Cuire au four pendant 10 minutes. Badigeonner à nouveau de sauce et cuire encore 30 minutes. Garnir d'oignons verts et de persil et servir.

Filets de porc à l'ail

Temps de préparation + cuisson : 2 heures 8 minutes | Portions : 3

Ingrédients:

1 livre de filet de porc
1 tasse de bouillon de légumes
2 gousses d'ail, hachées
1 cuillère à café d'ail en poudre
3 cuillères à café d'huile d'olive
Sel et poivre noir au goût

Directions:

Préparez un bain-marie, placez-y Sous Vide et réglez-le à 136 F.

Rincez bien la viande et essuyez-la avec du papier absorbant. Frotter avec de la poudre d'ail, du sel et du poivre noir. Placer dans un grand sac hermétique avec le bouillon et l'ail haché. Fermez le sac et plongez-le dans le bain-marie. Cuire pendant 2 heures. Retirez le filet du sac et séchez-le avec une serviette en papier.

Faire chauffer l'huile dans une grande poêle. Faire dorer le filet 2-3 minutes de chaque côté. Trancher le porc, disposer sur une assiette, puis verser le jus de cuisson dessus. Servir.

Filet de Porc Sarriette Thym & Ail

Temps de préparation + cuisson : 2 heures 25 minutes | Portions : 8

Ingrédients

2 cuillères à soupe de beurre

1 cuillère à soupe d'oignon en poudre

1 cuillère à soupe de cumin moulu

1 cuillère à soupe de coriandre

1 cuillère à soupe de romarin séché

Sel au goût

1 filet de porc (3 livres) sans peau

1 cuillère à soupe d'huile d'olive

Directions

Préparez un bain-marie et placez-y le Sous Vide. Réglez à 140 F.

Mélanger la poudre d'oignon, le cumin, la poudre d'ail, le romarin et le sel de citron vert. Badigeonnez d'abord le porc d'huile d'olive et de sel, puis du mélange d'oignons.

Placer dans un sac scellable sous vide. Libérer l'air par la méthode de déplacement d'eau, sceller et plonger le sac dans le bain-marie. Cuire pendant 2 heures.

Une fois le minuteur arrêté, retirez le porc et séchez-le avec un torchon. Jeter les jus de cuisson. Chauffer le beurre dans une poêle à feu vif et saisir le porc pendant 3-4 minutes jusqu'à ce qu'il soit doré de tous les côtés. Laisser refroidir 5 minutes et couper en médaillons.

Côtelettes de porc sauce aux champignons

Temps de préparation + cuisson : 1h10 | Portions : 3

Ingrédients:

3 (8 oz) côtelettes de porc

Sel et poivre noir au goût

3 cuillères à soupe de beurre, non salé

6 onces de champignons

½ tasse de bouillon de boeuf

2 cuillères à soupe de sauce Worcestershire

3 cuillères à soupe de ciboulette à l'ail, hachée pour la garniture

Directions:

Faites un bain-marie, placez-y Sous Vide et réglez-le à 140 F. Frottez les côtelettes de porc avec du sel et du poivre et placez-les dans un sac hermétique. Libérer l'air par la méthode de déplacement d'eau, sceller et plonger le sac dans le bain-marie. Réglez la minuterie sur 55 minutes.

Une fois la minuterie arrêtée, retirez et descellez le sac. Retirez le porc et séchez-le avec une serviette en papier. Jeter les jus. Placer une poêle sur feu moyen et ajouter 1 cuillère à soupe de beurre. Saisir le porc pendant 2 minutes des deux côtés. Mettre de côté. La poêle toujours sur le feu, ajouter les champignons et cuire 5 minutes. Éteignez le feu, ajoutez le reste du beurre et remuez jusqu'à ce que le beurre fonde. Assaisonner de poivre et de sel. Servir les côtelettes de porc avec la sauce aux champignons dessus.

Saucisses aux pommes sucrées

Temps de préparation + cuisson : 55 minutes | Portions : 4

Ingrédients

¾ cuillère à café d'huile d'olive

4 saucisses italiennes

4 cuillères à soupe de jus de pomme

Directions

Préparez un bain-marie et placez-y le Sous Vide. Réglez à 162 F.

Placer les saucisses et 1 cuillère à soupe de cidre par saucisse dans un sac hermétique. Libérer l'air par la méthode de déplacement d'eau, sceller et plonger le sac dans un bain-marie. Cuire pendant 45 minutes.

Faire chauffer l'huile dans une poêle à feu moyen. Une fois la minuterie arrêtée, retirez les saucisses et transférez-les dans la poêle et faites cuire pendant 3-4 minutes, jusqu'à ce qu'elles soient dorées.

Tacos au porc à l'orange douce

Temps de préparation + cuisson : 7 heures 10 minutes | Portions : 8

Ingrédients

½ tasse de jus d'orange

4 cuillères à soupe de miel

2 cuillères à soupe d'ail frais, haché

2 cuillères à soupe de gingembre frais, haché

2 cuillères à soupe de sauce Worcestershire

2 cuillères à café de sauce hoisin

2 cuillères à café de sauce sriracha

Le zeste d'une ½ orange

1 livre d'épaule de porc

8 tortillas à la farine, réchauffées

½ tasse de coriandre fraîche hachée

1 citron vert, coupé en quartiers

Directions

Préparez un bain-marie et placez-y le Sous Vide. Réglé à 175 F.

Bien mélanger le jus d'orange, 3 cuillères à soupe de miel, l'ail, le gingembre, la sauce Worcestershire, la sauce hoisin, la sauce sriracha et le zeste d'orange.

Placer le porc dans un sac hermétique et ajouter la sauce à l'orange. Libérer l'air par la méthode de déplacement d'eau, sceller et plonger le sac dans le bain-marie. Cuire pendant 7 heures.

Une fois le minuteur arrêté, retirez le porc et transférez-le sur une plaque à pâtisserie. Réserver les jus de cuisson.

Faites chauffer une casserole à feu moyen et versez-y les jus avec le miel restant. Cuire 5 minutes jusqu'à ébullition et réduction de moitié. Badigeonner le porc avec la sauce. Farcir les tortillas avec le porc. Garnir de coriandre et napper du reste de sauce avant de servir.

Carnitas de porc mexicaines avec salsa roja

Temps de préparation + cuisson : 49 heures 40 minutes | Portions : 8

Ingrédients

3 cuillères à soupe d'huile d'olive

2 cuillères à soupe de flocons de piment rouge

Sel au goût

2 cuillères à café de poudre de piment mexicain piquant

2 cuillères à café d'origan séché

½ cuillère à café de cannelle moulue

2¼ livres d'épaule de porc désossée

4 petites tomates mûres, coupées en dés

¼ oignon rouge, coupé en dés

¼ tasse de feuilles de coriandre, hachées

Jus de citron fraîchement pressé

8 tortillas de maïs

Directions

Bien mélanger les flocons de piment rouge, le sel kasher, la poudre de piment mexicain piquant, l'origan et la cannelle. Badigeonner le mélange de chili sur le porc et couvrir de papier d'aluminium. Laisser refroidir 1 heure.

Préparez un bain-marie et placez-y Sous Vide. Réglez à 159 F. Placez le porc dans un sac scellable sous vide. Libérer l'air par la méthode de déplacement d'eau, sceller et plonger dans le bain-marie. Cuire pendant 48 heures. 15 minutes Avant la fin, mélanger les tomates, l'oignon et la coriandre. Ajouter le jus de citron et le sel.

Une fois le minuteur arrêté, retirez le sac et transférez le porc sur une planche à découper. Jeter les jus de cuisson. Tirez la viande jusqu'à ce qu'elle soit déchiquetée. Chauffer l'huile végétale dans une poêle à feu moyen et cuire le porc effiloché jusqu'à obtenir des parties croustillantes et croustillantes. Garnir la tortilla de porc. Garnir de salsa roja et servir.

Tacos de poulet au chili et chorizo avec fromage

Temps de préparation + cuisson : 3 heures 25 minutes | Portions : 8

Ingrédients

2 saucisses de porc, moulages retirés
1 piment poblano, équeuté et épépiné
½ piment jalapeño, équeuté et épépiné
4 oignons verts, hachés
1 botte de feuilles de coriandre fraîche
½ tasse de persil frais haché
3 gousses d'ail
2 cuillères à soupe de jus de citron vert
1 cuillère à café de sel
¾ cuillère à café de coriandre moulue
¾ cuillère à café de cumin moulu
4 poitrines de poulet désossées et sans peau, tranchées
1 cuillère à soupe d'huile végétale
½ oignon jaune, tranché finement
8 tacos au maïs
3 cuillères à soupe de fromage Provolone
1 tomate

1 laitue Iceberg, râpée

Directions

Mettez la ½ tasse d'eau, le piment poblano, le piment jalapeño, les oignons verts, la coriandre, le persil, l'ail, le jus de citron vert, le sel, la coriandre et le cumin dans un mélangeur et mélangez jusqu'à consistance lisse. Placer les lanières de poulet et le mélange de poivrons dans un sac hermétique. Transférer au réfrigérateur et laisser refroidir pendant 1 heure.

Préparez un bain-marie et placez-y Sous Vide. Réglez à 141 F. Placez le mélange de poulet dans le bain. Cuire 1h30.

Chauffer l'huile dans une poêle à feu moyen et faire revenir l'oignon pendant 3 minutes. Ajouter le chorizo et cuire 5 à 7 minutes. Une fois le minuteur arrêté, retirez le poulet. Jeter les jus de cuisson. Ajouter le poulet et bien mélanger. Garnir les tortillas du mélange poulet-chorizo. Garnir de fromage, de tomates et de laitue. Servir.

Poulet aux Légumes

Temps de préparation + cuisson : 2 heures 15 minutes | Portions : 2

Ingrédients:

1 livre de poitrines de poulet, désossées et sans peau

1 tasse de poivron rouge, tranché

1 tasse de poivron vert, tranché

1 tasse de courgettes, tranchées

½ tasse d'oignon, haché finement

1 tasse de bouquets de chou-fleur

½ tasse de jus de citron fraîchement pressé

½ tasse de bouillon de poulet

½ cuillère à café de gingembre moulu

1 cuillère à café de sel rose de l'Himalaya

Directions:

Dans un bol, mélanger le jus de citron avec le bouillon de poulet, le gingembre et le sel. Bien mélanger et ajouter les légumes coupés. Mettre de côté. Bien rincer la poitrine de poulet sous l'eau courante froide. À l'aide d'un couteau d'office bien aiguisé, coupez la viande en morceaux de la taille d'une bouchée.

Mélanger avec d'autres ingrédients et bien mélanger. Transférer dans un grand sac scellable sous vide et sceller. Cuire en Sous Vide pendant 2 heures à 167 F. Servir immédiatement.

Poulet épicé au miel facile

Temps de préparation + cuisson : 1h45 | Portions : 4

Ingrédients

8 cuillères à soupe de beurre

8 gousses d'ail, hachées

6 cuillères à soupe de sauce chili

1 cuillère à café de cumin

4 cuillères à soupe de miel

Jus de 1 citron vert

Sel et poivre noir au goût

4 poitrines de poulet désossées et sans peau

Directions

Préparez un bain-marie et placez-y le Sous Vide. Réglé à 141 F.

Faites chauffer une casserole à feu moyen et mettez le beurre, l'ail, le cumin, la sauce chili, le sucre, le jus de citron vert et une pincée de sel et de poivre. Cuire pendant 5 minutes. Réserver et laisser refroidir.

Mélangez le poulet avec du sel et du poivre et placez-le dans 4 sachets scellables sous vide avec la marinade. Libérer l'air par la méthode de déplacement d'eau, sceller et immerger les sacs dans le bain-marie. Cuire 1h30.

Une fois le minuteur arrêté, retirez le poulet et séchez-le avec un torchon. Réserver la moitié du jus de cuisson de chaque sachet et transférer dans une casserole à feu moyen. Cuire jusqu'à ce que la sauce mijote, puis mettre le poulet à l'intérieur et cuire 4 minutes. Retirez le poulet et coupez-le en tranches. Servir avec du riz.

Poulet Cordon Bleu Classique

Temps de préparation + cuisson : 1h50 + temps de refroidissement | Portions : 4

Ingrédients

½ tasse de beurre

4 poitrines de poulet désossées et sans peau

Sel et poivre noir au goût

1 cuillère à café de poivre de Cayenne

4 gousses d'ail, hachées

8 tranches de jambon

8 tranches d'Emmental

Directions

Préparez un bain-marie et placez-y le Sous Vide. Réglez à 141 F. Assaisonnez le poulet avec du sel et du poivre. Couvrir d'une pellicule plastique et roulé. Réserver et laisser refroidir.

Faites chauffer une casserole à feu moyen et ajoutez du poivre noir, du poivre de Cayenne, 1/4 tasse de beurre et de l'ail. Cuire jusqu'à ce que le beurre fonde. Transférer dans un bol.

Frotter le poulet d'un côté avec le mélange de beurre. Déposer ensuite 2 tranches de jambon et 2 tranches de fromage et recouvrir.

Rouler chaque poitrine avec une pellicule plastique et transférer au réfrigérateur pendant 2-3 heures ou au congélateur pendant 20-30 minutes.

Placer le sein dans deux sachets scellables sous vide. Libérer l'air par la méthode de déplacement d'eau, sceller et immerger les sacs dans le bain-marie. Cuire 1h30.

Une fois le minuteur arrêté, retirez les poitrines et retirez le plastique. Faire chauffer le reste du beurre dans une poêle à feu moyen et saisir le poulet 1 à 2 minutes de chaque côté.

Poulet frit maison croustillant

Temps de préparation + cuisson : 3 heures 20 minutes | Portions : 8)

Ingrédients

½ cuillère à soupe de basilic séché

2¼ tasses de crème sure

8 pilons de poulet

Sel et poivre blanc au goût

½ tasse d'huile végétale

3 tasses de farine

2 cuillères à soupe d'ail en poudre

1 ½ cuillère à soupe de poudre de piment rouge de Cayenne

1 cuillère à soupe de moutarde séchée

Directions

Préparez un bain-marie et placez-y le Sous Vide. Réglez à 156 F. Assaisonnez le poulet au sel et placez-le dans un sac scellable sous vide. Libérer l'air par la méthode de déplacement d'eau, sceller et plonger dans le bain-marie. Cuire pendant 3 heures. Une fois le minuteur arrêté, retirez le poulet et séchez-le avec un torchon.

Mélanger le sel, la farine, la poudre d'ail, le poivre blanc, la poudre de piment rouge de Cayenne, la moutarde, le poivre blanc et le basilic dans un bol. Mettre la crème sure dans un autre bol.

Tremper le poulet dans le mélange de farine, puis dans la crème sure et encore dans le mélange de farine. Faire chauffer l'huile dans une poêle à feu moyen. Placer dans les pilons et cuire 3-4 minutes jusqu'à ce qu'ils soient croustillants. Servir.

Poitrines de poulet épicées

Temps de préparation + cuisson : 1h40 | Portions : 4

Ingrédients

½ tasse de sauce chili

2 cuillères à soupe de beurre

1 cuillère à soupe de vinaigre blanc

1 cuillère à soupe de vinaigre de champagne

4 poitrines de poulet, coupées en deux

Sel et poivre noir au goût

Directions

Préparez un bain-marie et placez-y le Sous Vide. Réglé à 141 F.

Faites chauffer une casserole à feu moyen et mélangez la sauce chili, 1 cuillère à soupe de beurre et le vinaigre. Cuire jusqu'à ce que le beurre soit fondu. Mettre de côté.

Assaisonnez le poulet avec du sel et du poivre et placez-le dans deux sacs scellables sous vide avec le mélange de piment. Libérer l'air par la méthode de déplacement d'eau, sceller et immerger les sacs dans le bain-marie. Cuire 1h30.

Une fois le minuteur arrêté, retirez le poulet et transférez-le sur une plaque à pâtisserie. Jeter les jus de cuisson. Faire chauffer le reste du beurre dans une poêle à feu vif et saisir le poulet 1 minute de chaque côté. Couper en bandes. Servir avec une salade.

Wraps de laitue savoureux avec poulet au gingembre et au piment

Temps de préparation + cuisson : 1h45 | Portions : 5

Ingrédients

½ tasse de sauce hoisin

½ tasse de sauce chili douce

3 cuillères à soupe de sauce soja

2 cuillères à soupe de gingembre râpé

2 cuillères à soupe de gingembre moulu

1 cuillère à soupe de cassonade

2 gousses d'ail, hachées

Jus de 1 citron vert

4 poitrines de poulet, coupées en cubes

Sel et poivre noir au goût

12 feuilles de laitue, rincées

⅛ tasse de graines de pavot

4 ciboulette

Directions

Préparez un bain-marie et placez-y Sous Vide. Réglez à 141 F. Combinez la sauce chili, le gingembre, la sauce soja, la cassonade, l'ail et la moitié du jus de citron vert. Faites chauffer une casserole à feu moyen et versez-y le mélange. Cuire pendant 5 minutes. Mettre de côté.

Assaisonner les poitrines de sel et de poivre. Placez-les en une couche uniforme dans un sac hermétique avec le mélange de sauce chili. Libérer l'air par la méthode de déplacement d'eau, sceller et plonger le sac dans le bain-marie. Cuire 1h30.

Une fois le minuteur arrêté, retirez le poulet et séchez-le avec un torchon. Jeter les jus de cuisson. Combiner la sauce hoisin avec les cubes de poulet et bien mélanger. Faire des tas de 6 feuilles de laitue.

Partager le poulet parmi les feuilles de laitue et garnir de graines de pavot et de ciboulette avant de l'envelopper.

Poitrines de poulet au citron aromatique

Temps de préparation + cuisson : 1h50 | Portions : 4

Ingrédients

3 cuillères à soupe de beurre

4 poitrines de poulet désossées et sans peau

Sel et poivre noir au goût

Zeste et jus de 1 citron

¼ tasse de crème épaisse

2 cuillères à soupe de bouillon de poulet

1 cuillère à soupe de feuilles de sauge fraîche hachées

1 cuillère à soupe d'huile d'olive

3 gousses d'ail, hachées

1/4 tasse d'oignons rouges, hachés

1 gros citron, tranché finement

Directions

Préparez un bain-marie et placez-y le Sous Vide. Réglez à 141 F. Assaisonnez la poitrine avec du sel et du poivre.

Faites chauffer une casserole à feu moyen et mélangez le jus et le zeste de citron, la crème épaisse, 2 cuillères à soupe de beurre, le bouillon de poulet, la sauge, l'huile d'olive, l'ail et les oignons rouges. Cuire jusqu'à ce que le beurre soit fondu. Placer les magrets dans 2 sachets sous vide avec le mélange citron-beurre. Ajouter les tranches de citron. Libérer l'air par la méthode de déplacement d'eau, sceller et immerger les sacs dans le bain. Cuire pendant 90 minutes.

Une fois le minuteur arrêté, retirez les poitrines et séchez-les avec un torchon. Jeter les jus de cuisson. Faire chauffer le reste du beurre dans une poêle et saisir les poitrines 1 minute de chaque côté. Couper les poitrines en lanières. Servir avec du riz.

Poulet à la moutarde et à l'ail

Temps de préparation + cuisson : 60 minutes | Portions : 5

Ingrédients:

17 onces de poitrines de poulet

1 cuillère à soupe de moutarde de Dijon

2 cuillères à soupe de moutarde en poudre

2 cc de sauce tomate

3 cuillères à soupe de beurre

1 cuillère à café de sel

3 cuillères à café d'ail haché

¼ tasse de sauce soja

Directions:

Préparez un bain-marie et placez-y le Sous Vide. Réglez à 150 F. Placez tous les ingrédients dans un sac hermétique et agitez pour combiner. Libérer l'air par la méthode de déplacement d'eau, sceller et plonger le sac dans un bain-marie. Réglez la minuterie sur 50 minutes. Une fois le minuteur arrêté, retirer le poulet et le trancher. Servir chaud.

Poulet entier

Temps de préparation + cuisson : 6 heures 40 minutes | Portions : 6

Ingrédients:

1 poulet entier moyen
3 gousses d'ail
3 onces de branche de céleri hachée
3 cuillères à soupe de moutarde
Sel et poivre noir au goût
1 cuillère à soupe de beurre

Directions:

Préparez un bain-marie et placez-y le Sous Vide. Réglez à 150 F. Combinez tous les ingrédients dans un sac scellable sous vide. Libérer l'air par la méthode de déplacement d'eau, sceller et immerger le sac dans le bain. Réglez la minuterie sur 6 heures et 30 minutes. Une fois terminé, laissez le poulet refroidir légèrement avant de le découper.

Délicieuses ailes de poulet à la sauce Buffalo

Temps de préparation + cuisson : 3 heures | Portions : 3

Ingrédients

3 livres d'ailes de poulet au chapon

2½ tasses de sauce de buffle

1 botte de persil frais

Directions

Préparez un bain-marie et placez-y le Sous Vide. Réglez à 148 F.

Mélanger les ailes de chapon avec du sel et du poivre. Placez-le dans un sac scellable sous vide avec 2 tasses de sauce de buffle. Libérer l'air par la méthode de déplacement d'eau, sceller et plonger le sac dans le bain-marie. Cuire pendant 2 heures. Chauffer le four à broil.

Une fois le minuteur arrêté, retirez les ailes et transférez-les dans un bol. Verser le reste de sauce buffalo et bien mélanger. Transférer les ailes sur une plaque à pâtisserie recouverte de papier d'aluminium et couvrir avec le reste de la sauce. Cuire 10 minutes en retournant au moins une fois. Garnir de persil.

Délicieuses cuisses de poulet à la sauce aigre-douce

Temps de préparation + cuisson : 14 heures 30 minutes | Portions : 8

Ingrédients

¼ tasse d'huile d'olive

12 cuisses de poulet

4 poivrons rouges, hachés

6 oignons nouveaux, hachés

4 gousses d'ail, hachées

1 oz de gingembre frais, haché

½ tasse de sauce Worcestershire

¼ tasse de jus de citron vert

2 cuillères à soupe de zeste de citron vert

2 cuillères à soupe de sucre

2 cuillères à soupe de feuilles de thym frais

1 cuillère à soupe de piment

Sel et poivre noir au goût

1 cuillère à café de muscade moulue

Directions

Mettez dans un robot culinaire les poivrons, les oignons, l'ail, le gingembre, la sauce Worcestershire, l'huile d'olive, le jus et le zeste de citron vert, le sucre, le thym, le piment de la Jamaïque, le sel, le poivre noir et la muscade. et mélanger. Réserver 1/4 tasse de sauce.

Placer la sauce au poulet et au citron vert dans un sac hermétique. Libérer l'air par la méthode de déplacement d'eau. Transférer au réfrigérateur et laisser mariner pendant 12 heures.

Préparez un bain-marie et placez-y le Sous Vide. Réglez à 152 F. Scellez et plongez le sac dans le bain-marie. Cuire pendant 2 heures. Une fois le minuteur arrêté, retirez le poulet et séchez-le avec un torchon. Jeter les jus de cuisson. Badigeonner le poulet avec la sauce au citron vert réservée. Faire chauffer une poêle à feu vif et saisir le poulet 30 secondes de chaque côté.

Poitrines de poulet à la sauce cajun

Temps de préparation + cuisson : 1h55 | Portions : 4

Ingrédients

2 cuillères à soupe de beurre

4 poitrines de poulet désossées et sans peau

Sel et poivre noir au goût

1 cuillère à café de cumin

½ tasse de marinade de poulet cajun

Directions

Préparez un bain-marie et placez-y le Sous Vide. Réglez à 141 F. Assaisonnez les poitrines avec du sel et du poivre et placez-les dans deux sacs scellables sous vide avec la sauce cajun. Libérer l'air par la méthode de déplacement d'eau, sceller et immerger les sacs dans le bain-marie. Cuire 1h30.

Une fois le minuteur arrêté, retirez le poulet et séchez-le. Jeter les jus de cuisson. Faire chauffer le beurre dans une poêle à feu vif et cuire la poitrine 1 minute de chaque côté. Trancher les poitrines et servir.

Poitrines de poulet sriracha

Temps de préparation + cuisson : 1h55 | Portions : 4

Ingrédients

8 cuillères à soupe de beurre coupé en cubes

1 livre de poitrines de poulet désossées et sans peau

Sel et poivre noir au goût

1 cuillère à café de noix de muscade

1½ tasse de sauce sriracha

Directions

Préparez un bain-marie et placez-y le Sous Vide. Réglé à 141 F.

Assaisonner les magrets de sel, de muscade et de poivre et. mettre dans deux sacs scellables sous vide avec la sauce sriracha. Libérer l'air par la méthode de déplacement d'eau, sceller et immerger les sacs dans le bain-marie. Cuire 1h30.

Une fois le minuteur arrêté, retirez le poulet et séchez-le avec un torchon. Jeter les jus de cuisson. Faire chauffer le beurre dans une poêle à feu vif et cuire les poitrines 1 minute de chaque côté. Couper les poitrines en tout petits morceaux.

Poulet persillé sauce curry

Temps de préparation + cuisson : 2 heures 35 minutes | Portions : 4

Ingrédients

4 poitrines de poulet désossées et sans peau

Sel et poivre noir au goût

1 cuillère à soupe de thym

1 cuillère à soupe de persil

5 tasses de sauce curry au beurre

Directions

Préparez un bain-marie et placez-y le Sous Vide. Réglé à 141 F.

Assaisonnez le poulet avec du sel, du thym, du persil et du poivre. Mettre dans deux sachets sous vide avec la sauce. Libérer l'air par la méthode de déplacement d'eau, sceller et immerger les sacs dans le bain-marie. Cuire 1h30.

Une fois le minuteur arrêté, retirez le poulet et séchez-le avec un torchon. Réservez le jus de cuisson. Faites chauffer une casserole à feu vif et versez-y le jus. Cuire 10 minutes jusqu'à réduction. Couper le poulet en morceaux et les ajouter à la sauce. Cuire 2-3 minutes. Sers immédiatement.

blanc de poulet pané au parmesan

Temps de préparation + cuisson : 65 minutes | Portions : 4

Ingrédients:

2 poitrines de poulet, sans peau et désossées
1 ½ tasse de pesto au basilic
½ tasse de noix de macadamia, moulues
¼ tasse de parmesan, râpé
3 cuillères à soupe d'huile d'olive

Directions:

Faites un bain-marie, placez-y Sous Vide et réglez à 65 F. Coupez le poulet en bouchées et enduisez-les de pesto. Placer le poulet à plat dans deux sacs sous vide séparés sans les superposer.

Libérer l'air par la méthode de déplacement d'eau et sceller les sacs. Plongez-les dans le bain-marie et réglez la minuterie sur 50 minutes. Une fois la minuterie arrêtée, retirez et descellez les sacs.

Transférer les morceaux de poulet dans une assiette sans le jus. Saupoudrer de noix de macadamia et de fromage dessus et bien enrober. Mettre une poêle sur feu vif, ajouter l'huile d'olive. Une fois l'huile chauffée, faire revenir rapidement le poulet enrobé pendant 1 minute tout autour. Égoutter la graisse. Servir en entrée.

Poulet haché aux tomates

Temps de préparation + cuisson : 100 minutes | Portions : 4

Ingrédients:

1 livre de poulet haché

2 cuillères à soupe de pâte de tomate

¼ tasse de bouillon de poulet

¼ tasse de jus de tomate

1 cuillère à soupe de sucre blanc

1 cuillère à café de thym

1 cuillère à soupe d'oignon en poudre

½ cuillère à café d'origan

Directions:

Préparez un bain-marie et placez-y le Sous Vide. Réglé à 147 F.

Fouetter ensemble tous les ingrédients sauf le poulet, dans une casserole. Cuire à feu moyen pendant 2 minutes. Transférer dans un sac scellable sous vide. Libérer l'air par la méthode de déplacement d'eau, sceller et immerger le sac dans le bain. Cuire pendant 80 minutes. Une fois terminé, retirez le sac et tranchez. Servir chaud.

Ragoût de poulet aux champignons

Temps de préparation + cuisson : 1 heure 5 minutes | Portions : 2

Ingrédients:

2 cuisses de poulet de taille moyenne, sans peau
½ tasse de tomates rôties au feu, coupées en dés
½ tasse de bouillon de poulet
1 cuillère à soupe de pâte de tomate
½ tasse de champignons de Paris, hachés
1 branche de céleri de taille moyenne
1 petite carotte, hachée
1 petit oignon, haché
1 cuillère à soupe de basilic frais, finement haché
1 gousse d'ail, écrasée
Sel et poivre noir au goût

Directions:

Faites un bain-marie, placez-y Sous Vide et réglez à 129 F. Frottez les cuisses avec du sel et du poivre. Mettre de côté. Couper la branche de céleri en morceaux d'un demi-pouce de long.

Maintenant, placez la viande dans un grand sac hermétique avec l'oignon, la carotte, les champignons, la branche de céleri et les tomates rôties au feu. Plongez le sac scellé dans le bain-marie et réglez la minuterie sur 45 minutes.

Une fois la minuterie arrêtée, retirez le sac du bain-marie et ouvrez-le. La viande devrait se détacher facilement de l'os, alors retirez les os.

Faites chauffer de l'huile dans une casserole de taille moyenne et ajoutez l'ail. Faire revenir brièvement environ 3 minutes en remuant constamment. Ajouter le contenu du sac, le bouillon de poulet et la pâte de tomate. Porter à ébullition et réduire le feu à moyen. Cuire encore 5 minutes en remuant de temps en temps. Servir saupoudré de basilic.

Poitrine de poulet sans cuisson la plus facile

Temps de préparation + cuisson : 75 minutes | Portions : 3

Ingrédients:

1 lb de poitrines de poulet, désossées
Sel et poivre noir au goût
1 cuillère à café d'ail en poudre

Directions:

Faites un bain-marie, placez-y Sous Vide et réglez-le à 150 F. Séchez les poitrines de poulet et assaisonnez avec du sel, de la poudre d'ail et du poivre. Mettez le poulet dans un sac scellable sous vide, libérez l'air par la méthode de déplacement d'eau et scellez-le.

Placer dans l'eau et régler la minuterie pour cuire pendant 1 heure. Une fois la minuterie arrêtée, retirez et descellez le sac. Retirer le poulet et laisser refroidir pour une utilisation ultérieure.

Cuisses de poulet à l'orange

Temps de préparation + cuisson : 2 heures | Portions : 4

Ingrédients:

2 livres de cuisses de poulet
2 petits piments chili, hachés finement
1 tasse de bouillons de poulet
1 oignon, haché
½ tasse de jus d'orange fraîchement pressé
1 cuillère à café d'extrait d'orange, liquide
2 cuillères à soupe d'huile végétale
1 cuillère à café de mélange d'assaisonnement pour barbecue
Persil frais pour garnir

Directions:

Faites un bain-marie, placez-y Sous Vide et réglez-le à 167 F.

Faire chauffer l'huile d'olive dans une grande casserole. Ajouter les oignons hachés et faire sauter pendant 3 minutes, à température moyenne, jusqu'à ce qu'ils soient translucides.

Dans un robot culinaire, mélanger le jus d'orange avec le piment et l'extrait d'orange. Pulser jusqu'à ce que le tout soit bien mélangé.

Verser le mélange dans une casserole et réduire le feu. Laisser mijoter 10 minutes.

Enrober le poulet du mélange d'assaisonnements pour barbecue et le placer dans une casserole. Ajouter le bouillon de poulet et cuire jusqu'à ce que la moitié du liquide s'évapore. Placer dans un grand sac scellable sous vide et sceller. Plonger le sachet dans le bain-marie et cuire 45 minutes. Une fois la minuterie arrêtée, retirez le sac du bain-marie et ouvrez-le. Garnir de persil frais et servir.

Poulet au Thym au Citron

Temps de préparation + cuisson : 2 heures 15 minutes | Portions : 3

Ingrédients:

3 cuisses de poulet
Sel et poivre noir au goût
3 tranches de citron
3 branches de thym
3 cuillères à soupe d'huile d'olive pour saisir

Directions:

Faire un bain-marie, y placer Sous Vide et régler à 165 F. Assaisonner le poulet avec du sel et du poivre. Garnir de tranches de citron et de brins de thym. Placez-les dans un sac scellable sous vide, libérez l'air par la méthode de déplacement d'eau et scellez le sac. Plongez dans la poche à eau et réglez la minuterie sur 2 heures.

Une fois la minuterie arrêtée, retirez et descellez le sac. Faire chauffer l'huile d'olive dans une poêle en fonte à feu vif. Placer les cuisses de poulet, peau vers le bas, dans la poêle et saisir jusqu'à ce qu'elles soient dorées. Garnir de quartiers de citron supplémentaires. Servir avec un côté de riz au chou.

Salade de Poulet au Poivre

Temps de préparation + cuisson : 1h15 | Portions : 4

Ingrédients:

4 poitrines de poulet désossées et sans peau

¼ tasse d'huile végétale plus trois cuillères à soupe pour la salade

1 oignon de taille moyenne, pelé et haché finement

6 tomates cerises, coupées en deux

Sel et poivre noir au goût

1 tasse de laitue, hachée finement

2 cuillères à soupe de jus de citron fraîchement pressé

Directions:

Faites un bain-marie, placez-y Sous Vide et réglez-le à 149 F.

Rincez soigneusement la viande sous l'eau froide et séchez-la à l'aide d'un essuie-tout. Coupez la viande en bouchées et placez-les dans un sac hermétique avec ¼ de tasse d'huile et scellez. Plonger le sac dans le bain-marie. Une fois la minuterie arrêtée, retirez le poulet du sac, séchez-le et laissez-le refroidir à température ambiante.

Dans un grand bol, mélanger l'oignon, les tomates et la laitue. Enfin, ajoutez les poitrines de poulet et assaisonnez avec trois cuillères à soupe d'huile, de jus de citron et du sel au goût. Garnir de yogourt grec et d'olives. Cependant, c'est facultatif. Servir froid.

Poulet entier

Temps de préparation + cuisson : 7 heures 15 minutes | Portions : 6

Ingrédients:

1 (5 lb) poulet entier, attaché
5 tasses de bouillon de poulet
3 tasses de poivrons mélangés, coupés en dés
3 tasses de céleri, coupé en dés
3 tasses de poireaux, coupés en dés
1 ¼ cuillère à café de sel
1 ¼ cuillère à café de grains de poivre noir
2 feuilles de laurier

Directions:

Faites un bain-marie, placez-y Sous Vide et réglez à 150 F. Assaisonnez le poulet avec du sel.

Placez tous les ingrédients énumérés et le poulet dans un grand sac scellable sous vide. Libérez l'air par la méthode de déplacement d'eau et scellez le sac sous vide. Plongez dans un bain-marie et réglez la minuterie sur 7 heures.

Couvrez l'eau avec un sac plastique pour réduire l'évaporation et arrosez toutes les 2 heures au bain. Une fois la minuterie arrêtée, retirez et descellez le sac. Préchauffer un gril, retirer délicatement le poulet et éponger. Placer le poulet dans le gril et faire griller jusqu'à ce que la peau soit dorée. Laisser reposer le poulet pendant 8 minutes, trancher et servir.

Cuisses de poulet épicées simples

Temps de préparation + cuisson : 2 heures 55 minutes | Portions : 6

Ingrédients:

1 lb de cuisses de poulet, avec os
3 cuillères à soupe de beurre
1 cuillère à soupe de piment de Cayenne
Sel au goût

Directions:

Faire un bain-marie, y placer Sous Vide et régler à 165 F. Assaisonner le poulet avec du poivre et du sel. Placer le poulet avec une cuillère à soupe de beurre dans un sac hermétique. Libérer l'air par la méthode de déplacement d'eau, sceller et plonger le sac dans le bain-marie. Réglez la minuterie sur 2 heures 30 minutes.

Une fois le chronomètre arrêté, retirez le sac et descellez-le. Préchauffer un grill et faire fondre le reste du beurre au micro-ondes. Graisser la grille du gril avec une partie du beurre et badigeonner le poulet avec le reste du beurre. Saisir jusqu'à l'obtention d'une couleur brun foncé. Servir comme collation.

Ailes de poulet Buffalo

Temps de préparation + cuisson : 1 heure et 20 minutes | Portions : 6

Ingrédients:

3 livres d'ailes de poulet
3 cuillères à café de sel
2 cuillères à café d'ail moulu
2 cuillères à soupe de paprika fumé
1 cuillère à café de sucre
½ tasse de sauce piquante
5 cuillères à soupe de beurre
2 ½ tasses de farine d'amande
Huile d'olive pour la friture

Directions:

Faites un bain-marie, placez-y Sous Vide et réglez-le à 144 F.

Mélanger les ailes, l'ail, le sel, le sucre et le paprika fumé. Enrober le poulet uniformément. Placer dans un grand sac scellable sous vide, libérer l'air par la méthode de déplacement d'eau et sceller le sac.

Plongez dans l'eau. Réglez la minuterie pour cuire pendant 1 heure. Une fois la minuterie arrêtée, retirez et descellez le sac. Versez la farine dans un grand bol, ajoutez le poulet et mélangez pour bien enrober.

Faire chauffer l'huile dans une poêle à feu moyen, faire revenir le poulet jusqu'à ce qu'il soit doré. Retirer et réserver. Dans une autre casserole, faire fondre le beurre et ajouter la sauce piquante. Enrober les ailes de beurre et de sauce piquante. Servir en apéritif

Galettes de poulet effilochées

Temps de préparation + cuisson : 3 heures 15 minutes | Portions : 5

Ingrédients:

½ lb de poitrine de poulet, sans peau et désossée

½ tasse de noix de macadamia, moulues

⅓ tasse de mayonnaise à l'huile d'olive

3 oignons verts, hachés finement

2 cuillères à soupe de jus de citron

Sel et poivre noir au goût

3 cuillères à soupe d'huile d'olive

Directions:

Faites un bain-marie, placez-y Sous Vide et réglez-le à 165 F. Mettez le poulet dans un sac scellable sous vide, libérez l'air par la méthode de déplacement d'eau et scellez-le. Mettez le sac dans le bain-marie et réglez la minuterie sur 3 heures. Une fois la minuterie arrêtée, retirez et descellez le sac.

Effilochez le poulet et ajoutez-le dans un bol avec tous les ingrédients restants sauf l'huile d'olive. Mélanger uniformément et faire des galettes. Faire chauffer l'huile d'olive dans une poêle à feu moyen. Ajouter les galettes et les faire frire jusqu'à ce qu'elles soient dorées des deux côtés.

Cuisses de poulet à la purée de carottes

Temps de préparation + cuisson : 60 minutes | Portions : 5

Ingrédients:

2 livres de cuisses de poulet

1 tasse de carottes, tranchées finement

2 cuillères à soupe d'huile d'olive

¼ tasse d'oignon finement haché

2 tasses de bouillon de poulet

2 cuillères à soupe de persil frais, finement haché

2 gousses d'ail écrasées

Sel et poivre noir au goût

Directions:

Faites un bain-marie, placez-y Sous Vide et réglez-le à 167 F. Lavez les cuisses de poulet sous l'eau courante froide et séchez-les avec un essuie-tout. Mettre de côté.

Dans un bol, mélanger 1 cuillère à soupe d'huile d'olive, le persil, le sel et le poivre. Bien mélanger et badigeonner généreusement les cuisses avec le mélange. Placer dans un grand sac hermétique et ajouter le bouillon de poulet. Appuyez sur le sac pour chasser l'air. Scellez le sac et mettez-le dans le bain-marie et réglez la minuterie sur 45 minutes. Une fois le minuteur arrêté, retirez les cuisses du sac et essuyez-les. Réserver le jus de cuisson.

Pendant ce temps, préparez les carottes. Transférer dans un mélangeur et réduire en purée. Mettre de côté.

Faire chauffer le reste d'huile d'olive dans une grande poêle à feu moyen. Ajouter l'ail et l'oignon et faire sauter pendant environ 1-2 minutes, ou jusqu'à ce qu'ils soient tendres. Ajouter les cuisses de poulet et cuire 2 à 3 minutes en les retournant de temps en temps. Goûtez la cuisson, rectifiez l'assaisonnement puis ajoutez le bouillon. Porter à ébullition et retirer du feu. Transférer les cuisses dans une assiette de service et garnir de purée de carottes et saupoudrer de persil.

Poulet au citron à la menthe

Temps de préparation + cuisson : 2 heures 40 minutes | Portions : 3

Ingrédients:

1 livre de cuisses de poulet, désossées et sans peau

¼ tasse d'huile

1 cuillère à soupe de jus de citron fraîchement pressé

2 gousses d'ail, écrasées

1 cuillère à café de gingembre

½ cuillère à café de poivre de Cayenne

1 cuillère à café de menthe fraîche, hachée finement

½ cuillère à café de sel

Directions:

Dans un petit bol, mélanger l'huile d'olive avec le jus de citron, l'ail, le gingembre moulu, la menthe, le poivre de Cayenne et le sel. Badigeonner généreusement chaque cuisse avec ce mélange et réfrigérer au moins 30 minutes.

Retirer les cuisses du réfrigérateur. Placer dans un grand sac hermétique et cuire pendant 2 heures à 149 F. Retirer du sac hermétique et servir immédiatement avec des oignons nouveaux.

Poulet à la confiture de cerises

Temps de préparation + cuisson : 4 heures 25 minutes | Portions : 4

Ingrédients

2 livres de poulet avec os et peau

4 cuillères à soupe de marmelade de cerises

2 cuillères à soupe de muscade moulue

Sel et poivre noir au goût

Directions

Préparez un bain-marie et placez-y le Sous Vide. Réglez à 172 F. Assaisonnez le poulet avec du sel et du poivre et mélangez avec le reste des ingrédients. Placer dans un sac scellable sous vide. Libérer l'air par la méthode de déplacement d'eau, sceller et plonger le sac dans le bain-marie. Cuire pendant 4 heures.

Une fois le minuteur arrêté, retirez le sac et placez-le dans un plat allant au four. Chauffer le four à 450 F. et rôtir pendant 10 minutes jusqu'à ce qu'ils soient croustillants. Transférer dans une assiette et servir.

Pilons de poulet sucrés et épicés

Temps de préparation + cuisson : 2 heures 20 minutes | Portions : 3

Ingrédients:

½ cuillère à soupe de sucre

½ tasse de sauce soja

2 ½ cuillères à café de gingembre, haché

2 ½ cuillères à café d'ail, haché

2 ½ cuillères à café de purée de piment rouge

¼ lb de petits pilons de poulet, sans peau

2 cuillères à soupe d'huile d'olive

2 cuillères à soupe de graines de sésame pour garnir

1 oignon vert, haché pour garnir

Sel et poivre noir au goût

Directions:

Faire un bain-marie, y placer Sous Vide et régler à 165 F. Frotter le poulet avec du sel et du poivre. Mettez le poulet dans un sac scellable sous vide, libérez l'air par la méthode de déplacement d'eau et scellez-le.

Mettez le sac dans le bain-marie et réglez la minuterie sur 2 heures. Une fois la minuterie arrêtée, retirez et descellez le sac. Dans un bol, mélanger le reste des ingrédients énumérés à l'exception de l'huile d'olive. Mettre de côté. Faire chauffer l'huile dans une poêle à feu moyen, ajouter le poulet.

Une fois qu'ils dorent légèrement des deux côtés, ajouter la sauce et napper le poulet. Cuire pendant 10 minutes. Garnir de sésame et d'oignons verts. Servir avec un côté de riz de chou-fleur.

Poitrines de poulet farcies

Temps de préparation + cuisson : 1h15 | Portions : 5

Ingrédients:

2 livres de poitrines de poulet, sans peau et désossées

2 cuillères à soupe de persil frais, finement haché

2 cuillères à soupe de basilic frais, finement haché

1 œuf large

½ tasse d'oignons nouveaux, hachés

Sel et poivre noir au goût

2 cuillères à soupe d'huile d'olive

Directions:

Faites un bain-marie, placez-y Sous Vide et réglez-le à 165 F. Lavez soigneusement les poitrines de poulet et séchez-les avec un essuie-tout. Frottez un peu de sel et de poivre et réservez.

Dans un bol, mélanger l'œuf, le persil, le basilic et les oignons nouveaux. Remuer jusqu'à ce qu'il soit bien incorporé. Placer les poitrines de poulet sur une surface propre et verser le mélange d'œufs au milieu. Replier les poitrines pour sceller. Placer les poitrines dans des sacs scellables sous vide séparés et presser pour enlever l'air. Fermez le couvercle et placez-le dans le bain-marie préparé. Cuire sous vide pendant 1 heure. Une fois le minuteur arrêté, retirez les poitrines de poulet. Faire chauffer l'huile dans une poêle à feu moyen. Ajouter les poitrines de poulet et faire dorer 2 minutes de chaque côté.

Poulet piquant

Temps de préparation + cuisson : 2 heures 40 minutes | Portions : 8

Ingrédients:

1 poulet de cinq livres, entier
3 cuillères à soupe de jus de citron
½ tasse d'huile d'olive
6 feuilles de laurier séchées
2 cuillères à soupe de romarin, écrasé
3 cuillères à soupe de thym, séché
2 cuillères à soupe d'huile de noix de coco
¼ tasse de zeste de citron
3 gousses d'ail, hachées
Sel et poivre noir au goût

Directions:

Faites un bain-marie, placez-y Sous Vide et réglez-le à 149 F. Rincez bien le poulet sous l'eau courante froide et séchez-le avec un torchon. Mettre de côté.

Dans un petit bol, mélanger l'huile d'olive avec le sel, le jus de citron, les feuilles de laurier séchées, le romarin et le thym. Farcir la cavité du poulet avec des tranches de citron et ce mélange.

Dans un autre bol, mélanger l'huile de noix de coco avec le zeste de citron et l'ail. Détachez la peau du poulet de la chair. Frottez ce mélange sous la peau et placez-le dans un grand sac en plastique. Réfrigérer pendant 30 minutes. Retirer du réfrigérateur et placer dans un grand sac hermétique sous vide. Mettez le sac dans le bain-marie et réglez la minuterie sur 2 heures.

Cuisses de poulet méditerranéennes

Temps de préparation + cuisson : 1h40 | Portions : 3

Ingrédients:

1 livre de cuisses de poulet

1 tasse d'huile d'olive

½ tasse de jus de lime fraîchement pressé

½ tasse de feuilles de persil, hachées finement

3 gousses d'ail, écrasées

1 cuillère à soupe de piment de Cayenne

1 cuillère à café d'origan séché

1 cuillère à café de sel de mer

Directions:

Rincez la viande sous l'eau courante froide et égouttez-la dans une grande passoire. Dans un bol, mélanger l'huile d'olive avec le jus de citron vert, le persil haché, l'ail écrasé, le poivre de Cayenne, l'origan et le sel. Plonger les filets dans ce mélange et couvrir. Réfrigérer pendant 30 minutes.

Sortez la viande du réfrigérateur et égouttez-la. Placer dans un grand récipient hermétique et cuire en Sous Vide pendant une heure à 167 F.

Poitrines de poulet à la sauce harissa

Temps de préparation + cuisson : 65 minutes | Portions : 4

Ingrédients

1 livre de poitrines de poulet, coupées en cubes
1 tige de citronnelle fraîche, hachée
2 cuillères à soupe de sauce de poisson
2 cuillères à soupe de sucre de coco
Sel au goût
1 cuillère à soupe de sauce harissa

Directions

Préparez un bain-marie et placez-y le Sous Vide. Régler à 149 F. Dans un mélangeur, mélanger la citronnelle, la sauce de poisson, le sucre et le sel. Faire mariner le poulet avec la sauce et faire des brochettes. Placez-le dans un sac scellable sous vide. Libérer l'air par la méthode de déplacement d'eau, sceller et plonger le sac dans le bain-marie. Cuire pendant 45 minutes.

Une fois la minuterie arrêtée, retirez le sac et transférez-le dans un bain d'eau froide. Retirer le poulet et fouetter avec la sauce harissa. Faire chauffer une poêle à feu moyen et saisir le poulet. Servir.

Poulet à l'ail aux champignons

Temps de préparation + cuisson : 2 heures 15 minutes | Portions : 6

Ingrédients:

2 livres de cuisses de poulet, sans peau
1 livre de champignons cremini, tranchés
1 tasse de bouillon de poulet
1 gousse d'ail, écrasée
4 cuillères à soupe d'huile d'olive
½ cuillère à café de poudre d'oignon
½ cuillère à café de feuilles de sauge, séchées
¼ cuillère à café de poivre de Cayenne
Sel et poivre noir au goût

Directions:

Lavez soigneusement les cuisses sous l'eau courante froide. Essuyez avec un essuie-tout et réservez. Dans une grande poêle, faire chauffer l'huile d'olive à feu moyen. Faire dorer les deux côtés des cuisses de poulet pendant 2 minutes. Retirer de la poêle et réserver.

Maintenant, ajoutez l'ail et faites sauter jusqu'à ce qu'il soit légèrement doré. Incorporer les champignons, verser le bouillon et cuire jusqu'à ébullition. Retirer de la poêle et réserver. Assaisonnez les cuisses avec du sel, du poivre, du poivre de Cayenne et de la poudre d'oignon. Placer dans un grand sac hermétique avec les champignons et la sauge. Sceller le sac et cuire en Sous Vide pendant 2 heures à 149 F.

Cuisses de Poulet aux Herbes

Temps de préparation + cuisson : 4 heures 10 minutes | Portions : 4

Ingrédients:

1 livre de cuisses de poulet

1 tasse d'huile d'olive extra vierge

¼ tasse de vinaigre de cidre de pomme

3 gousses d'ail, écrasées

½ tasse de jus de citron fraîchement pressé

1 cuillère à soupe de basilic frais, haché

2 cuillères à soupe de thym frais, haché

1 cuillère à soupe de romarin frais, haché

1 cuillère à café de poivre de Cayenne

1 cuillère à café de sel

Directions:

Rincez la viande sous l'eau courante froide et placez-la dans une grande passoire pour l'égoutter. Mettre de côté.

Dans un grand bol, mélanger l'huile d'olive avec le vinaigre de cidre de pomme, l'ail, le jus de citron, le basilic, le thym, le romarin, le sel et le poivre de Cayenne. Plonger les cuisses dans ce mélange et réfrigérer pendant une heure. Retirer la viande de la marinade et l'égoutter. Placer dans un grand sac hermétique et cuire en Sous Vide pendant 3 heures à 149 F.

Pudding de poulet aux coeurs d'artichauts

Temps de préparation + cuisson : 1 heure et 30 minutes | Portions : 3

Ingrédients:

1 livre de poitrine de poulet, désossée et sans peau

2 artichauts de taille moyenne

2 cuillères à soupe de beurre

2 cuillères à soupe d'huile d'olive extra vierge

1 citron, jus

Une poignée de feuilles de persil frais, finement hachées

Sel et poivre noir au goût

½ cuillère à café de piment

Directions:

Rincez soigneusement la viande et séchez-la avec un essuie-tout. À l'aide d'un couteau bien aiguisé, coupez la viande en petits morceaux et retirez les os. Badigeonnez d'huile d'olive et réservez.

Faire chauffer la sauteuse à feu moyen. Baissez légèrement le feu à moyen et ajoutez la viande. Cuire 3 minutes jusqu'à ce qu'ils soient dorés des deux côtés. Retirer du feu et transférer dans un grand sac hermétique. Sceller le sac et cuire en Sous Vide pendant une heure à 149 F.

Pendant ce temps, préparez l'artichaut. Couper le citron en deux et presser le jus dans un petit bol. Diviser le jus en deux et réserver. À l'aide d'un couteau d'office bien aiguisé, coupez les feuilles extérieures jusqu'à ce que vous atteigniez les jaunes et les plus tendres. Couper la peau extérieure verte autour de la base d'artichaut et cuire à la vapeur. Assurez-vous d'enlever les « poils » autour du cœur d'artichaut. Ils ne sont pas comestibles, alors jetez-les tout simplement.

Couper l'artichaut en morceaux d'un demi-pouce. Frottez avec la moitié du jus de citron et placez dans une casserole à fond épais. Ajouter suffisamment d'eau pour couvrir et cuire jusqu'à ce qu'ils soient complètement tendres. Retirer du feu et égoutter. Refroidir un moment à température ambiante. Couper chaque morceau en fines lanières.

Combinez maintenant l'artichaut avec la viande de poulet dans un grand bol. Incorporer le sel, le poivre et le jus de citron restant. Faire fondre le beurre à feu moyen et arroser le pudding. Saupoudrer de piment et servir.

Salade de courge musquée et de poulet aux amandes

Temps de préparation + cuisson : 1h15 | Portions : 2

Ingrédients

6 filets de poulet

4 tasses de courge musquée, coupée en cubes et rôtie

4 tasses de tomates roquettes

4 cuillères à soupe d'amandes effilées

Jus de 1 citron

2 cuillères à soupe d'huile d'olive

4 cuillères à soupe d'oignon rouge, haché

1 cuillère à soupe de paprika

1 cuillère à soupe de curcuma

1 cuillère à soupe de cumin

Sel au goût

Directions

Préparez un bain-marie et placez-y le Sous Vide. Réglé à 138 F.

Placer le poulet et toutes les épices dans un sac hermétique. Bien agiter. Libérer l'air par la méthode de déplacement d'eau, sceller et plonger le sac dans le bain-marie. Cuire pendant 60 minutes.

Une fois la minuterie arrêtée, retirez le sac et transférez-le dans une poêle chauffée. Faire dorer 1 minute de chaque côté. Dans un bol, mélanger les ingrédients restants. Servir avec du poulet sur le dessus.

Salade de Poulet & Noix

Temps de préparation + cuisson : 2 heures 20 minutes | Portions : 4

Ingrédients

2 poitrines de poulet sans peau, désossées

Sel et poivre noir au goût

1 cuillère à soupe d'huile de maïs

1 pomme, évidée et coupée en dés

1 cuillère à café de jus de citron vert

½ tasse de raisins blancs, coupés en deux

1 branche de céleri en côtes, coupée en dés

1/3 tasse de mayonnaise

2 cuillères à café de vin Chardonnay

1 cuillère à café de moutarde de Dijon

1 tête de laitue romaine

½ tasse de noix, grillées et hachées

Directions

Préparez un bain-marie et placez-y le Sous Vide. Réglé à 146 F.

Placer le poulet dans un sac hermétique et assaisonner de sel et de poivre. Libérer l'air par la méthode de déplacement d'eau, sceller et plonger le sac dans le bain-marie. Cuire pendant 2 heures.

Une fois le minuteur arrêté, retirez le sac et jetez les jus de cuisson. Dans un grand bol, mélanger les tranches de pomme avec le jus de lime. Ajouter le céleri et les raisins blancs. Bien mélanger.

Dans un autre bol, mélanger la mayonnaise, la moutarde de Dijon et le vin de Chardonnay. Verser le mélange sur les fruits et bien mélanger. Hacher le poulet et le mettre dans un bol moyen, assaisonner de sel et bien mélanger. Mettre le poulet dans le saladier. Colocalisez la laitue romaine dans des bols à salade et placez la salade dessus. Garnir de noix.

Chair de crabe avec sauce au beurre de citron vert

Temps de préparation + cuisson : 70 minutes | Portions : 4

Ingrédients

6 gousses d'ail, hachées
Zeste et jus de ½ citron vert
1 livre de chair de crabe
4 cuillères à soupe de beurre

Directions

Préparez un bain-marie et placez-y le Sous Vide. Réglez à 137 F. Bien mélanger la moitié de l'ail, le zeste de lime et la moitié du jus de lime. Mettre de côté. Placer le mélange chair de crabe, beurre et citron vert dans un sac hermétique. Libérer l'air par la méthode de déplacement d'eau, sceller et plonger le sac dans le bain-marie. Cuire pendant 50 minutes. Une fois le chronomètre arrêté, retirez le sac. Jeter les jus de cuisson.

Chauffer une casserole à feu moyen-doux et verser le reste du beurre, le reste du mélange de citron vert et le reste du jus de citron vert. Servir le crabe dans 4 ramequins, saupoudré de beurre au citron vert.

Saumon rapide à la mode du Nord

Temps de préparation + cuisson : 30 minutes | Portions : 4

Ingrédients

1 cuillère à soupe d'huile d'olive

4 filets de saumon, avec peau

Sel et poivre noir au goût

Zeste et jus de 1 citron

2 cuillères à soupe de moutarde jaune

2 cuillères à café d'huile de sésame

Directions

Préparez un bain-marie et placez-y Sous Vide. Réglez à 114 F. Assaisonnez le saumon avec du sel et du poivre. Mélanger le zeste et le jus de citron, l'huile et la moutarde. Placer le saumon dans 2 sachets scellables sous vide avec le mélange de moutarde. Libérer l'air par la méthode de déplacement d'eau, sceller et immerger les sacs dans le bain. Cuire pendant 20 minutes. Faire chauffer l'huile de sésame dans une poêle. Une fois le minuteur arrêté, retirez le saumon et séchez-le. Transférer le saumon dans la poêle et saisir 30 secondes de chaque côté.

Truite savoureuse à la moutarde et à la sauce tamari

Temps de préparation + cuisson : 35 minutes | Portions : 4

Ingrédients

¼ tasse d'huile d'olive

4 filets de truite, sans peau et tranchés

½ tasse de sauce Tamari

¼ tasse de cassonade claire

2 gousses d'ail, hachées

1 cuillère à soupe de moutarde Coleman

Directions

Préparez un bain-marie et placez-y Sous Vide. Réglez à 130 F. Combinez la sauce Tamari, la cassonade, l'huile d'olive et l'ail. Placer la truite dans un sac hermétique avec le mélange de tamari. Libérer l'air par la méthode de déplacement d'eau, sceller et plonger le sac dans le bain-marie. Cuire pendant 30 minutes.

Une fois le minuteur arrêté, retirez la truite et séchez-la avec un torchon. Jeter les jus de cuisson. Garnir de sauce tamari et de moutarde pour servir.

Thon au sésame avec sauce au gingembre

Temps de préparation + cuisson : 45 minutes | Portions : 6

Ingrédients:

Thon:

3 pavés de thon

Sel et poivre noir au goût

⅓ tasse d'huile d'olive

2 cuillères à soupe d'huile de canola

½ tasse de graines de sésame noir

½ tasse de graines de sésame blanches

Sauce au gingembre :

1 pouce de gingembre, râpé

2 échalotes, hachées

1 piment rouge, émincé

3 cuillères à soupe d'eau

2 ½ jus de citron vert

1 ½ cuillère à soupe de vinaigre de riz

2 ½ cuillères à soupe de sauce soja

1 cuillère à soupe de sauce de poisson

1 ½ cuillère à soupe de sucre

1 bouquet de feuilles de laitue verte

Directions:

Commencez par la sauce : placez une petite casserole sur feu doux et ajoutez l'huile d'olive. Une fois qu'il a chauffé, ajoutez le gingembre et le piment. Cuire pendant 3 minutes Ajouter le sucre et le vinaigre, remuer et cuire jusqu'à ce que le sucre se dissolve. Ajouter de l'eau et porter à ébullition. Ajouter la sauce soja, la sauce de poisson et le jus de citron vert et cuire 2 minutes. Laisser refroidir.

Faites un bain-marie, placez-y Sous Vide et réglez à 110 F. Assaisonnez le thon avec du sel et du poivre et placez-le dans 3 sacs scellables sous vide séparés. Ajouter l'huile d'olive, libérer l'air du sac par la méthode de déplacement d'eau, sceller et plonger le sac dans le bain-marie. Réglez la minuterie sur 30 minutes.

Une fois la minuterie arrêtée, retirez et descellez le sac. Réserver le thon. Placer une poêle à feu doux et ajouter l'huile de canola. Pendant la cuisson, mélanger les graines de sésame dans un bol. Assécher le thon, l'enrober de graines de sésame et saisir le haut et le bas dans l'huile chauffée jusqu'à ce que les graines commencent à griller.

Trancher le thon en fines lanières. Étalez un plat de service avec de la laitue et disposez le thon sur le lit de laitue. Servir avec une sauce au gingembre en entrée.

Rouleaux de crabe divins à l'ail et au citron

Temps de préparation + cuisson : 60 minutes | Portions : 4

Ingrédients

4 cuillères à soupe de beurre

1 livre de chair de crabe cuite

2 gousses d'ail, hachées

Zeste et jus de ½ citron

½ tasse de mayonnaise

1 bulbe de fenouil, haché

Sel et poivre noir au goût

4 petits pains, fendus, huilés et grillés

Directions

Préparez un bain-marie et placez-y Sous Vide. Réglez à 137 F. Combinez l'ail, le zeste de citron et 1/4 tasse de jus de citron. Placer la chair de crabe dans un sac hermétique avec le mélange de beurre et de citron. Libérer l'air par la méthode de déplacement d'eau, sceller et plonger le sac dans le bain-marie. Cuire pendant 50 minutes.

Une fois le minuteur arrêté, retirez le sachet et transférez dans un bol. Jeter les jus de cuisson. Mélanger la chair de crabe avec le jus de citron restant, la mayonnaise, le fenouil, l'aneth, le sel et le poivre. Garnir les rouleaux avec le mélange de chair de crabe avant de servir.

Pieuvre carbonisée aux épices avec sauce au citron

Temps de préparation + cuisson : 4 heures 15 minutes | Portions : 4

Ingrédients

5 cuillères à soupe d'huile d'olive

1 livre de tentacules de poulpe

Sel et poivre noir au goût

2 cuillères à soupe de jus de citron

1 cuillère à soupe de zeste de citron

1 cuillère à soupe de persil frais haché

1 cuillère à café de thym

1 cuillère à soupe de paprika

Directions

Préparez un bain-marie et placez-y le Sous Vide. Réglez à 179 F. Coupez les tentacules en longueurs moyennes. Assaisonnez avec du sel et du poivre. Placer les longueurs avec de l'huile d'olive dans un sac hermétique. Libérer l'air par la méthode de déplacement d'eau, sceller et plonger le sac dans le bain-marie. Cuire pendant 4 heures.

Une fois le minuteur arrêté, retirez le poulpe et séchez-le avec un torchon. Jeter les jus de cuisson. Arroser d'huile d'olive.

Faire chauffer un gril à feu moyen et saisir les tentacules 10 à 15 secondes de chaque côté. Mettre de côté. Bien mélanger le jus de citron, le zeste de citron, le paprika, le thym et le persil. Garnir le poulpe de vinaigrette au citron.

Brochettes de crevettes à la créole

Temps de préparation + cuisson : 50 minutes | Portions : 4

Ingrédients

Zeste et jus de 1 citron

6 cuillères à soupe de beurre

2 gousses d'ail, hachées

Sel et poivre blanc au goût

1 cuillère à soupe d'assaisonnement créole

1½ livres de crevettes, déveinées

1 cuillère à soupe d'aneth frais haché + pour la garniture

quartiers de citron

Directions

Préparez un bain-marie et placez-y le Sous Vide. Réglé à 137 F.

Faire fondre le beurre dans une casserole à feu moyen et ajouter l'ail, l'assaisonnement créole, le zeste et le jus de citron, le sel et le poivre. Cuire 5 minutes jusqu'à ce que le beurre soit fondu. Réserver et laisser refroidir.

Placer les crevettes dans un sac hermétique avec le mélange de beurre. Libérer l'air par la méthode de déplacement d'eau, sceller et plonger le sac dans le bain-marie. Cuire pendant 30 minutes.

Une fois le minuteur arrêté, retirez les crevettes et séchez-les avec un torchon. Jeter les jus de cuisson. Enfiler les crevettes sur les brochettes et garnir d'aneth et presser le citron pour servir.

Crevettes à la sauce épicée

Temps de préparation + cuisson : 40 minutes + temps de refroidissement | Portions : 5

Ingrédients

2 livres de crevettes, déveinées et décortiquées

1 tasse de purée de tomates

2 cuillères à soupe de sauce au raifort

1 cuillère à café de jus de citron

1 cuillère à café de tabasco

Sel et poivre noir au goût

Directions

Préparez un bain-marie et placez-y Sous Vide. Réglez à 137 F. Placez les crevettes dans un sac hermétique. Libérer l'air par la méthode de déplacement d'eau, sceller et immerger le sac dans le bain. Cuire pendant 30 minutes.

Une fois le minuteur arrêté, retirez le sac et transférez-le dans un bain d'eau glacée pendant 10 minutes. Laisser refroidir au réfrigérateur pendant 1 à 6 heures. Bien mélanger la purée de tomates, la sauce au raifort, la sauce soja, le jus de citron, la sauce Tabasco, le sel et le poivre. Servir les crevettes avec la sauce.

Flétan aux échalotes et à l'estragon

Temps de préparation + cuisson : 50 minutes | Portions : 2

Ingrédients:

2 lb de filets de flétan

3 brins de feuilles d'estragon

1 cuillère à café d'ail en poudre

1 cuillère à café de poudre d'oignon

Sel et poivre blanc au goût

2 ½ cuillères à café + 2 cuillères à café de beurre

2 échalotes, pelées et coupées en deux

2 brins de thym

Quartiers de citron pour la garniture

Directions:

Faire un bain-marie, y placer Sous Vide et régler à 124 F. Couper les filets de flétan en 3 morceaux chacun et les frotter avec du sel, de la poudre d'ail, de la poudre d'oignon et du poivre. Placer les filets, l'estragon et 2 ½ cuillères à café de beurre dans 3 sachets sous vide différents. Libérer l'air par la méthode de déplacement d'eau et sceller les sacs. Mettez-les dans le bain-marie et faites cuire pendant 40 minutes.

Une fois la minuterie arrêtée, retirez et descellez les sacs. Mettre une poêle sur feu doux et ajouter le reste du beurre. Une fois qu'il est chaud, retirez la peau des flétans et séchez-les. Ajouter les flétans avec les échalotes et le thym et saisir le bas et le dessus jusqu'à ce qu'ils soient croustillants. Garnir de quartiers de citron. Servir avec un accompagnement de légumes vapeur.

Morue au beurre d'herbes et au citron

Temps de préparation + cuisson : 37 minutes | Portions : 6

Ingrédients

8 cuillères à soupe de beurre

6 filets de cabillaud

Sel et poivre noir au goût

Zeste de ½ citron

1 cuillère à soupe d'aneth frais haché

½ cuillère à soupe de ciboulette fraîche hachée

½ cuillère à soupe de basilic frais haché

½ cuillère à soupe de sauge fraîche hachée

Directions

Préparez un bain-marie et placez-y le Sous Vide. Régler à 134 F. Assaisonner la morue avec du sel et du poivre. Placer le cabillaud et le zeste de citron dans un sac hermétique.

Dans un autre sac scellable sous vide, placez le beurre, la moitié de l'aneth, la ciboulette, le basilic et la sauge. Libérer l'air par la méthode de déplacement d'eau, sceller et immerger les deux sacs dans le bain-marie. Cuire pendant 30 minutes.

Une fois le minuteur arrêté, retirez la morue et séchez-la avec un torchon. Jeter les jus de cuisson. Retirez le beurre de l'autre sac et versez-le sur la morue. Garnir avec l'aneth restant.

Mérou au Beurre Nantais

Temps de préparation + cuisson : 45 minutes | Portions : 6

Ingrédients:

Groupeur:

2 lb de mérou, coupé en 3 morceaux chacun

1 cuillère à café de cumin en poudre

½ cuillère à café d'ail en poudre

½ cuillère à café de poudre d'oignon

½ cuillère à café de coriandre en poudre

¼ tasse d'assaisonnement pour poisson

¼ tasse d'huile de noix de pécan

Sel et poivre blanc au goût

Beurre Blanc :

1 livre de beurre

2 cuillères à soupe de vinaigre de cidre de pomme

2 échalotes, hachées

1 cuillère à café de grains de poivre, écrasés

5 onces de crème épaisse,

Sel au goût

2 brins d'aneth

1 cuillère à soupe de jus de citron

1 cuillère à soupe de poudre de safran

Directions:

Faites un bain-marie, placez-y Sous Vide et réglez à 132 F. Assaisonnez les morceaux de mérou avec du sel et du poivre blanc. Placer dans un sac scellable sous vide, libérer l'air par la méthode de déplacement d'eau, sceller et plonger le sac dans le bain-marie. Réglez la minuterie sur 30 minutes. Mélanger le cumin, l'ail, l'oignon, la coriandre et l'assaisonnement pour poisson. Mettre de côté.

Pendant ce temps, préparez le beurre blanc. Placer une casserole à feu moyen et ajouter les échalotes, le vinaigre et les grains de poivre. Cuire pour obtenir un sirop. Réduire à feu doux et ajouter le beurre en fouettant continuellement. Ajouter l'aneth, le jus de citron et la poudre de safran, remuer continuellement et cuire pendant 2 minutes. Ajouter la crème et assaisonner de sel. Cuire 1 minute. Éteignez le feu et réservez.

Une fois la minuterie arrêtée, retirez et descellez le sac. Mettre une poêle à feu moyen, ajouter l'huile de noix de pécan. Séchez le mérou et l'assaisonnement avec le mélange d'épices et faites-les saisir dans l'huile chauffée. Servir le mérou et le beurre nantais accompagnés d'épinards cuits à la vapeur.

Flocons de thon

Temps de préparation + cuisson : 1h45 | Portions : 4

Ingrédients:

¼ lb de steak de thon

1 cuillère à café de feuilles de romarin

1 cuillère à café de feuilles de thym

2 tasses d'huile d'olive

1 gousse d'ail, hachée

Directions:

Faites un bain-marie, placez-y Sous Vide et réglez à 135 F. Placez le steak de thon, le sel, le romarin, l'ail, le thym et deux cuillères à soupe d'huile dans le sac hermétique. Libérer l'air par la méthode de déplacement d'eau, sceller et plonger le sac dans le bain-marie. Réglez la minuterie sur 1h30.

Une fois le chronomètre arrêté, retirez le sac. Mettre le thon dans un bol et réserver. Mettre une poêle sur feu vif, ajouter le reste d'huile d'olive. Une fois chaud, verser sur le thon. Émiettez le thon à l'aide de deux fourchettes. Transférer et conserver dans un récipient hermétique avec de l'huile d'olive jusqu'à une semaine. Servir en salade.

Pétoncles au beurre

Temps de préparation + cuisson : 55 minutes | Portions : 3

Ingrédients:

½ lb de pétoncles
3 cuillères à café de beurre (2 cuillères à café pour la cuisson + 1 cuillère à café pour saisir)
Sel et poivre noir au goût

Directions:

Faites un bain-marie, placez-y Sous Vide et réglez-le à 140 F. Épongez les pétoncles secs à l'aide d'un essuie-tout. Placer les pétoncles, le sel, 2 cuillères à soupe de beurre et le poivre dans un sac hermétique. Libérez l'air par la méthode de déplacement d'eau, scellez et plongez le sac dans le bain-marie et réglez la minuterie sur 40 minutes.

Une fois la minuterie arrêtée, retirez et descellez le sac. Séchez les pétoncles à l'aide d'un essuie-tout et réservez. Mettre une poêle à feu moyen et le beurre restant. Une fois fondu, saisir les pétoncles des deux côtés jusqu'à ce qu'ils soient dorés. Servir avec un mélange de légumes beurrés.

Sardines à la menthe

Temps de préparation + cuisson : 1h20 | Portions : 3

Ingrédients:

2 livres de sardines

¼ tasse d'huile d'olive

3 gousses d'ail, écrasées

1 gros citron, fraîchement pressé

2 brins de menthe fraîche

Sel et poivre noir au goût

Directions:

Lavez et nettoyez chaque poisson mais gardez la peau. Essuyez à l'aide d'un essuie-tout.

Dans un grand bol, mélanger l'huile d'olive avec l'ail, le jus de citron, la menthe fraîche, le sel et le poivre. Placer les sardines dans un grand sac hermétique avec la marinade. Cuire au bain-marie pendant une heure à 104 F. Retirer du bain et égoutter mais réserver la sauce. Arroser le poisson de sauce et de poireaux cuits à la vapeur.

Daurade au Vin Blanc

Temps de préparation + cuisson : 2 heures | Portions : 2

Ingrédients:

1 livre de dorade, d'environ 1 pouce d'épaisseur, nettoyée
1 tasse d'huile d'olive extra vierge
1 citron, jus
1 cuillère à soupe de sucre
1 cuillère à soupe de romarin séché
½ cuillère à soupe d'origan séché
2 gousses d'ail, écrasées
½ tasse de vin blanc
1 cuillère à café de sel de mer

Directions:

Mélanger l'huile d'olive avec le jus de citron, le sucre, le romarin, l'origan, l'ail écrasé, le vin et le sel dans un grand bol. Plonger le poisson dans ce mélange et laisser mariner une heure au réfrigérateur. Retirer du réfrigérateur et égoutter mais réserver le liquide pour le service. Placer les filets dans un grand sac hermétique et sceller. Cuire en Sous Vide pendant 40 minutes à 122 F. Verser le reste de la marinade sur les filets et servir.

Salade de saumon et chou frisé à l'avocat

Temps de préparation + cuisson : 1 heure | Portions : 3

Ingrédients:

1 livre de filet de saumon sans peau

Sel et poivre noir au goût

½ citron bio, pressé

1 cuillère à soupe d'huile d'olive

1 tasse de feuilles de chou frisé, déchiquetées

½ tasse de carottes rôties, tranchées

½ avocat mûr, coupé en petits cubes

1 cuillère à soupe d'aneth frais

1 cuillère à soupe de feuilles de persil frais

Directions:

Assaisonnez le filet de sel et de poivre des deux côtés et placez-le dans un grand sac hermétique. Fermez le sac et faites cuire sous vide pendant 40 minutes à 122 F. Sortez le saumon du bain-marie et réservez.

Fouetter ensemble le jus de citron, une pincée de sel et de poivre noir dans un bol à mélanger et ajouter progressivement l'huile d'olive en fouettant constamment. Ajouter le kale râpé et mélanger pour bien enrober de vinaigrette. Ajouter les carottes rôties, les avocats, l'aneth et le persil. Remuer délicatement pour combiner. Transférer dans un bol de service et servir avec du saumon sur le dessus.

Saumon Gingembre

Temps de préparation + cuisson : 45 minutes | Portions : 4

Ingrédients:

4 filets de saumon, avec la peau
2 cuillères à café d'huile de sésame
1 ½ huile d'olive
2 cuillères à soupe de gingembre, râpé
2 cuillères à soupe de sucre

Directions:

Faites un bain-marie, placez-y Sous Vide et réglez-le sur 124F. Assaisonnez le saumon avec du sel et du poivre. Placer le reste des ingrédients indiqués dans un bol et mélanger.

Placer le mélange de saumon et de sucre dans deux sacs scellables sous vide, libérer l'air par la méthode de déplacement d'eau, sceller et plonger le sac dans le bain-marie. Réglez la minuterie sur 30 minutes.

Une fois la minuterie arrêtée, retirez et descellez le sac. Placer une poêle sur feu moyen, déposer une feuille de papier sulfurisé au fond et préchauffer. Ajouter le saumon, peau vers le bas et saisir 1 minute chacun. Servir avec un côté de brocoli au beurre.

Moules au Jus de Citron Frais

Temps de préparation + cuisson : 40 minutes | Portions : 2

Ingrédients:

1 livre de moules fraîches, débarrassées

1 oignon de taille moyenne, pelé et haché finement

Gousses d'ail, écrasées

½ tasse de jus de lime fraîchement pressé

¼ tasse de persil frais, haché finement

1 cuillère à soupe de romarin, finement haché

2 cuillères à soupe d'huile d'olive

Directions:

Placer les moules avec le jus de citron vert, l'ail, l'oignon, le persil, le romarin et l'huile d'olive dans un grand sac hermétique. Cuire en Sous Vide pendant 30 minutes à 122 F. Servir avec une salade verte.

Steaks de thon marinés aux herbes

Temps de préparation + cuisson : 1h25 | Portions : 5

Ingrédients:

2 livres de steaks de thon d'environ 1 pouce d'épaisseur

1 cuillère à café de thym séché, moulu

1 cuillère à café de basilic frais, finement haché

¼ tasse d'échalotes finement hachées

2 cuillères à soupe de persil frais, finement haché

1 cuillère à soupe d'aneth frais, haché finement

1 cuillère à café de zeste de citron fraîchement râpé

½ tasse de graines de sésame

4 cuillères à soupe d'huile d'olive

Sel et poivre noir au goût

Directions:

Lavez les filets de thon sous l'eau froide et essuyez-les avec un essuie-tout. Mettre de côté.

Dans un grand bol, mélanger le thym, le basilic, les échalotes, le persil, l'aneth, l'huile, le sel et le poivre. Mélangez jusqu'à ce qu'ils soient bien incorporés puis trempez les steaks dans cette marinade. Bien enrober et réfrigérer 30 minutes.

Placer les steaks dans un grand sac hermétique avec la marinade. Appuyez sur le sac pour éliminer l'air et sceller le couvercle. Cuire en Sous Vide pendant 40 minutes à 131 degrés.

Retirez les steaks du sac et transférez-les sur un essuie-tout. Séchez délicatement et retirez les herbes. Préchauffer une poêle à feu vif. Rouler les steaks dans les graines de sésame et transférer dans la poêle. Cuire 1 minute de chaque côté et retirer du feu.

Galettes de chair de crabe

Temps de préparation + cuisson : 65 minutes | Portions : 4

Ingrédients:

1 livre de chair de crabe en morceaux

1 tasse d'oignons rouges, hachés finement

½ tasse de poivrons rouges, hachés finement

2 cuillères à soupe de piment, haché finement

1 cuillère à soupe de feuilles de céleri, hachées finement

1 cuillère à soupe de feuilles de persil, finement hachées

½ cuillère à café d'estragon finement haché

Sel et poivre noir au goût

4 cuillères à soupe d'huile d'olive

2 cuillères à soupe de farine d'amande

3 oeufs, battus

Directions:

Faites chauffer 2 cuillères à soupe d'huile d'olive dans une poêle et ajoutez les oignons. Faire sauter jusqu'à ce qu'il soit translucide et ajouter les poivrons rouges hachés et le piment. Cuire 5 minutes en remuant constamment.

Transférer dans un grand bol. Ajouter la chair de crabe, le céleri, le persil, l'estragon, le sel, le poivre, la farine d'amande et les œufs. Bien mélanger et façonner le mélange en galettes de 2 pouces de diamètre. Diviser délicatement les galettes entre 2 sacs scellables sous vide et les sceller. Cuire sous vide pendant 40 minutes à 122 F.

Faire chauffer le reste d'huile d'olive dans une poêle anti-adhésive, à feu vif. Retirez les galettes du bain-marie et transférez-les dans une poêle. Brièvement, dorer des deux côtés pendant 3-4 minutes et servir.

Éperlans au piment

Temps de préparation + cuisson : 1h15 | Portions : 5

Ingrédients:

1 livre d'éperlans frais

½ tasse de jus de citron

3 gousses d'ail, écrasées

1 cuillère à café de sel

1 tasse d'huile d'olive extra vierge

2 cuillères à soupe d'aneth frais, haché finement

1 cuillère à soupe de ciboulette, hachée

1 cuillère à soupe de piment, moulu

Directions:

Rincez les éperlans sous l'eau courante froide et égouttez-les. Mettre de côté.

Dans un grand bol, mélanger l'huile d'olive avec le jus de citron, l'ail écrasé, le sel de mer, l'aneth finement haché, la ciboulette hachée et le piment. Déposer les éperlans dans ce mélange et couvrir. Réfrigérer pendant 20 minutes.

Retirer du réfrigérateur et placer dans un grand sac hermétique avec la marinade. Cuire sous vide pendant 40 minutes à 104 F. Retirer du bain-marie et égoutter mais réserver le liquide.

Chauffer une grande poêle à feu moyen. Ajouter les éperlans et cuire brièvement, pendant 3-4 minutes, en les retournant. Retirer du feu et transférer dans un plat de service. Arroser de marinade et servir immédiatement.

Filets de silure marinés

Temps de préparation + cuisson : 1h20 | Portions : 3

Ingrédients:

1 livre de filet de poisson-chat

½ tasse de jus de citron

½ tasse de feuilles de persil, hachées finement

2 gousses d'ail, écrasées

1 tasse d'oignons, hachés finement

1 cuillère à soupe d'aneth frais, haché finement

1 cuillère à soupe de feuilles de romarin frais, finement hachées

2 tasses de jus de pomme fraîchement pressé

2 cuillères à soupe de moutarde de Dijon

1 tasse d'huile d'olive extra vierge

Directions:

Dans un grand bol, mélanger le jus de citron, les feuilles de persil, l'ail écrasé, les oignons finement hachés, l'aneth frais, le romarin, le jus de pomme, la moutarde et l'huile d'olive. Fouetter ensemble jusqu'à ce qu'ils soient bien incorporés. Plonger les filets dans ce mélange et couvrir avec un couvercle hermétique. Réfrigérer pendant 30 minutes.

Sortir du réfrigérateur et mettre dans 2 sachets scellables sous vide. Sceller et cuire sous vide pendant 40 minutes à 122 F. Retirer et égoutter; réserver le liquide. Servir arrosé de son propre liquide.

Crevettes persillées au citron

Temps de préparation + cuisson : 35 minutes | Portions : 4

Ingrédients:

12 grosses crevettes décortiquées et déveinées
1 cuillère à café de sel
1 cuillère à café de sucre
3 cuillères à café d'huile d'olive
1 feuille de laurier
1 brin de persil, haché
2 cuillères à soupe de zeste de citron
1 cuillère à soupe de jus de citron

Directions:

Faites un bain-marie, placez-y Sous Vide et réglez à 156 F. Dans un bol, ajoutez les crevettes, le sel et le sucre, mélangez et laissez reposer pendant 15 minutes. Placer les crevettes, le laurier, l'huile d'olive et le zeste de citron dans un sac hermétique. Évacuez l'air par la méthode de déplacement d'eau et scellez. Plonger dans le bain et cuire 10 minutes. Une fois le minuteur arrêté, retirer et desceller le sachet. Disposez les crevettes et arrosez de jus de citron.

Flétan sous vide

Temps de préparation + cuisson : 1h20 | Portions : 4

Ingrédients:

1 livre de filets de flétan

3 cuillères à soupe d'huile d'olive

¼ tasse d'échalotes, hachées finement

1 cuillère à café de zeste de citron fraîchement râpé

½ cuillère à café de thym séché, moulu

1 cuillère à soupe de persil frais, haché finement

1 cuillère à café d'aneth frais, haché finement

Sel et poivre noir au goût

Directions:

Lavez le poisson sous l'eau froide et essuyez-le avec un essuie-tout. Couper en fines tranches saupoudrer généreusement de sel et de poivre. Placer dans un grand sac hermétique et ajouter deux cuillères à soupe d'huile d'olive. Assaisonner d'échalotes, de thym, de persil, d'aneth, de sel et de poivre.

Appuyez sur le sac pour éliminer l'air et sceller le couvercle. Secouer le sac pour enrober tous les filets d'épices et réfrigérer 30 minutes avant la cuisson. Cuire sous vide pendant 40 minutes à 131 F.

Retirez le sac de l'eau et laissez-le refroidir pendant un moment. Déposer sur un papier absorbant et égoutter. Retirez les herbes.

Préchauffer le reste de l'huile dans une grande poêle à feu vif. Ajouter les filets et cuire 2 minutes. Retourner les filets et cuire environ 35 à 40 secondes, puis retirer du feu. Transférez à nouveau le poisson sur une serviette en papier et retirez l'excès de graisse. Sers immédiatement.

Sole au Beurre Citronné

Temps de préparation + cuisson : 45 minutes | Portions : 3

Ingrédients:

3 filets de sole

1 ½ cuillère à soupe de beurre non salé

¼ tasse de jus de citron

½ cuillère à café de zeste de citron

Poivre citronné au goût

1 brin de persil pour la décoration

Directions:

Faites un bain-marie, placez-y Sous Vide et réglez-le à 132 F. Séchez la semelle et placez-la dans 3 sacs scellables sous vide séparés. Libérer l'air par la méthode de déplacement d'eau et sceller les sacs. Plonger dans le bain-marie et régler la minuterie sur 30 minutes.

Placer une petite casserole sur feu moyen, ajouter le beurre. Une fois fondu, retirer du feu. Ajouter le jus de citron et le zeste de citron et remuer.

Une fois la minuterie arrêtée, retirez et descellez le sac. Transférer les filets de sole dans des assiettes de service, arroser de sauce au beurre et garnir de persil. Servir avec un accompagnement de légumes verts vapeur.

Ragoût de morue au basilic

Temps de préparation + cuisson : 50 minutes | Portions : 4

Ingrédients:

1 livre de filet de cabillaud
1 tasse de tomates rôties au feu
1 cuillère à soupe de basilic, séché
1 tasse de fumet de poisson
2 cuillères à soupe de pâte de tomate
3 branches de céleri, finement hachées
1 carotte, tranchée
¼ tasse d'huile d'olive
1 oignon, haché finement
½ tasse de champignons de Paris

Directions:

Chauffer l'huile d'olive dans une grande poêle, à feu moyen. Ajouter le céleri, les oignons et la carotte. Faire sauter pendant 10 minutes. Retirer du feu et transférer dans un sac hermétique avec les autres ingrédients. Cuire sous vide pendant 40 minutes à 122 F.

Tilapia facile

Temps de préparation + cuisson : 1h10 | Portions : 3

Ingrédients

3 (4 oz) filets de tilapia
3 cuillères à soupe de beurre
1 cuillère à soupe de vinaigre de cidre de pomme
Sel et poivre noir au goût

Directions:

Faites un bain-marie, placez-y Sous Vide et réglez à 124 F. Assaisonnez le tilapia avec du poivre et du sel et placez-le dans un sac hermétique. Libérer l'air par la méthode de déplacement d'eau et sceller le sac. Plongez-le dans le bain-marie et réglez la minuterie sur 1 heure.

Une fois la minuterie arrêtée, retirez et descellez le sac. Mettez une poêle à feu moyen et ajoutez le beurre et le vinaigre. Laisser mijoter et remuer continuellement pour réduire le vinaigre de moitié. Ajouter le tilapia et saisir légèrement. Assaisonnez avec du sel et du poivre à votre convenance. Servir avec un accompagnement de légumes au beurre.

Saumon aux asperges

Temps de préparation + cuisson : 3 heures 15 minutes | Portions : 6

Ingrédients:

1 livre de filet de saumon sauvage
1 cuillère à soupe d'huile d'olive
1 cuillère à soupe d'origan séché
12 pointes d'asperges moyennes
4 rondelles d'oignon blanc
1 cuillère à soupe de persil frais
Sel et poivre noir au goût

Directions:

Assaisonnez le filet avec de l'origan, du sel et du poivre des deux côtés et badigeonnez légèrement d'huile d'olive.

Placer dans un grand récipient hermétique avec les autres ingrédients. Mélanger toutes les épices dans un bol à mélanger. Frottez le mélange uniformément des deux côtés du steak et placez-le dans un grand sac hermétique. Fermez le sac et faites cuire sous vide pendant 3 heures à 136 F.

Maquereau au curry

Temps de préparation + cuisson : 55 minutes | Portions : 3

Ingrédients:

3 filets de maquereau étêtés
3 cuillères à soupe de pâte de curry
1 cuillère à soupe d'huile d'olive
Sel et poivre noir au goût

Directions:

Faites un bain-marie, placez-y Sous Vide et réglez à 120 F. Assaisonnez le maquereau avec du poivre et du sel et placez-le dans un sac hermétique. Libérez l'air par la méthode de déplacement d'eau, scellez-le et plongez-le dans le bain-marie et réglez la minuterie sur 40 minutes.

Une fois la minuterie arrêtée, retirez et descellez le sac. Mettre une poêle à feu moyen, ajouter l'huile d'olive. Enrober le maquereau avec la poudre de curry (ne pas sécher le maquereau)

Une fois qu'il a chauffé, ajouter le maquereau et saisir jusqu'à ce qu'il soit doré. Servir avec un accompagnement de légumes à feuilles vertes cuits à la vapeur.

Calmar au romarin

Temps de préparation + cuisson : 1 heure et 15 minutes | Portions : 3

Ingrédients:

1 livre de calmars frais, entiers
½ tasse d'huile d'olive extra vierge
1 cuillère à soupe de sel rose de l'Himalaya
1 cuillère à soupe de romarin séché
3 gousses d'ail, écrasées
3 tomates cerises, coupées en deux

Directions:

Rincez soigneusement chaque calmar sous l'eau courante. À l'aide d'un couteau d'office bien aiguisé, retirez les têtes et nettoyez chaque calmar.

Dans un grand bol, mélanger l'huile d'olive avec le sel, le romarin séché, les tomates cerises et l'ail écrasé. Plonger les calmars dans ce mélange et réfrigérer pendant 1 heure. Puis retirer et égoutter. Placer les calamars et les tomates cerises dans un grand sac hermétique. Cuire en sous vide pendant une heure à 136 F.

Crevettes Frites Au Citron

Temps de préparation + cuisson : 50 minutes | Portions : 3

Ingrédients:

1 livre de crevettes décortiquées et déveinées
3 cuillères à soupe d'huile d'olive
½ tasse de jus de citron fraîchement pressé
1 gousse d'ail, écrasée
1 cuillère à café de romarin frais, écrasé
1 cuillère à café de sel de mer

Directions:

Mélanger l'huile d'olive avec le jus de citron, l'ail écrasé, le romarin et le sel. À l'aide d'un pinceau de cuisine, étalez le mélange sur chaque crevette et placez-le dans un grand sac hermétique. Cuire sous vide pendant 40 minutes à 104 F.

Gril de poulpe

Temps de préparation + cuisson : 5 heures 20 minutes | Portions : 3

Ingrédients:

½ lb de tentacules de pieuvre moyennes, blanchies
Sel et poivre noir au goût
3 cuillères à café + 3 cuillères à soupe d'huile d'olive
2 cuillères à café d'origan séché
2 brins de persil frais, haché
Glace pour un bain de glace

Directions:

Faites un bain-marie, placez-y Sous Vide et réglez-le à 171 F.

Placer le poulpe, le sel, 3 cuillères à café d'huile d'olive et le poivre dans un sac hermétique. Libérer l'air par la méthode de déplacement d'eau, sceller et plonger le sac dans un bain-marie. Réglez la minuterie sur 5 heures.

Une fois la minuterie arrêtée, retirez le sac et couvrez-le dans un bain de glace. Mettre de côté. Préchauffer un gril.

Une fois le gril chaud, transférez le poulpe dans une assiette, ajoutez 3 cuillères à soupe d'huile d'olive et massez. Faire griller le poulpe pour bien le dorer de chaque côté. Servir le poulpe et garnir de persil et d'origan. Servir avec une trempette sucrée et épicée.

Darnes de saumon sauvage

Temps de préparation + cuisson : 1h25 | Portions : 4

Ingrédients:

2 livres de darnes de saumon sauvage
3 gousses d'ail, écrasées
1 cuillère à soupe de romarin frais, haché finement
1 cuillère à soupe de jus de citron fraîchement pressé
1 cuillère à soupe de jus d'orange fraîchement pressé
1 cuillère à café de zeste d'orange
1 cuillère à café de sel rose de l'Himalaya
1 tasse de fumet de poisson

Directions:

Mélanger le jus d'orange avec le jus de citron, le romarin, l'ail, le zeste d'orange et le sel. Badigeonner le mélange sur chaque steak et réfrigérer pendant 20 minutes. Transférer dans un grand sac hermétique et ajouter le fumet de poisson. Fermez le sac et faites cuire sous vide pendant 50 minutes à 131 F.

Préchauffer une grande poêle à griller antiadhésive. Retirer les steaks du sac hermétique et faire griller pendant 3 minutes de chaque côté, jusqu'à ce qu'ils soient légèrement carbonisés.

Ragoût de tilapia

Temps de préparation + cuisson : 65 minutes | Portions : 3

Ingrédients:

1 livre de filets de tilapia

½ tasse d'oignons, hachés finement

1 tasse de carottes, hachées finement

½ tasse de feuilles de coriandre, hachées finement

3 gousses d'ail, hachées finement

1 tasse de poivrons verts, hachés finement

1 cuillère à café de mélange d'assaisonnement italien

1 cuillère à café de poivre de Cayenne

½ cuillère à café de piment

1 tasse de jus de tomate frais

Sel et poivre noir au goût

3 cuillères à soupe d'huile d'olive

Directions:

Faire chauffer l'huile d'olive à feu moyen. Ajouter les oignons hachés et faire revenir jusqu'à ce qu'ils soient translucides.

Ajoutez maintenant le poivron, les carottes, l'ail, la coriandre, le mélange d'assaisonnement italien, le poivre de Cayenne, le piment, le sel et le poivre noir. Remuez bien et laissez cuire encore une dizaine de minutes.

Retirer du feu et transférer dans un grand sac hermétique avec le jus de tomate et les filets de tilapia. Cuire sous vide pendant 50 minutes à 122 F. Retirer du bain-marie et servir.

Coques au beurre aux grains de poivre

Temps de préparation + cuisson : 1h30 | Portions : 2

Ingrédients:

4 oz de coques en conserve

¼ tasse de vin blanc sec

1 branche de céleri coupée en dés

1 dés de panais

1 échalote en quartier

1 feuille de laurier

1 cuillère à soupe de grains de poivre noir

1 cuillère à soupe d'huile d'olive

8 cuillères à soupe de beurre, température ambiante

1 cuillère à soupe de persil frais haché

2 gousses d'ail, hachées

Sel au goût

1 cuillère à café de poivre noir fraîchement concassé

¼ tasse de chapelure panko

1 baguette, tranchée

Directions:

Préparez un bain-marie et placez-y le Sous Vide. Réglez à 154 F. Placez les coques, les échalotes, le céleri, le panais, le vin, les grains de poivre, l'huile d'olive et le laurier dans un sac hermétique. Libérer l'air par la méthode de déplacement d'eau, sceller et plonger le sac dans le bain-marie. Cuire pendant 60 minutes.

À l'aide d'un mélangeur, versez le beurre, le persil, le sel, l'ail et le poivre moulu. Mélanger à vitesse moyenne jusqu'à homogénéité. Mettez le mélange dans un sac en plastique et roulez-le. Déplacer dans le réfrigérateur et laisser refroidir.

Une fois le minuteur arrêté, retirez l'escargot et les légumes. Jeter les jus de cuisson. Faire chauffer une poêle à feu vif. Garnir les coques de beurre, saupoudrer de chapelure et cuire 3 minutes jusqu'à ce qu'elles soient fondues. Servir avec des tranches de baguette chaudes.

Truite à la coriandre

Temps de préparation + cuisson : 60 minutes | Portions : 4

Ingrédients:

2 livres de truite, 4 morceaux

5 gousses d'ail

1 cuillère à soupe de sel de mer

4 cuillères à soupe d'huile d'olive

1 tasse de feuilles de coriandre, hachées finement

2 cuillères à soupe de romarin, finement haché

¼ tasse de jus de citron fraîchement pressé

Directions:

Nettoyez et rincez bien le poisson. Séchez avec un essuie-tout et frottez avec du sel. Mélanger l'ail avec l'huile d'olive, la coriandre, le romarin et le jus de citron. Utilisez le mélange pour remplir chaque poisson. Placer dans des sacs scellables sous vide séparés et sceller. Cuire en Sous Vide pendant 45 minutes à 131 F.

Anneaux de calmar

Temps de préparation + cuisson : 1h25 | Portions : 3

Ingrédients:

2 tasses de rondelles de calmar
1 cuillère à soupe de romarin frais
Sel et poivre noir au goût
½ tasse d'huile d'olive

Directions:

Mélanger les rondelles de calmar avec le romarin, le sel, le poivre et l'huile d'olive dans un grand sac en plastique propre. Fermez le sac et secouez-le plusieurs fois pour bien l'enrober. Transférer dans un grand récipient hermétique et sceller le sac. Cuire sous vide pendant 1 heure et 10 minutes à 131 F. Retirer du bain-marie et servir.

Salade de crevettes au chili et à l'avocat

Temps de préparation + cuisson : 45 minutes | Portions : 4

Ingrédients:

1 oignon rouge haché

Jus de 2 citrons verts

1 cuillère à café d'huile d'olive

¼ cuillère à café de sel de mer

⅛ cc de poivre blanc

1 livre de crevettes crues, décortiquées et déveinées

1 tomate en dés

1 avocat en dés

1 piment vert, épépiné et coupé en dés

1 cuillère à soupe de coriandre hachée

Directions:

Préparez un bain-marie et placez-y le Sous Vide. Réglez à 148 F.

Placez le jus de citron vert, l'oignon rouge, le sel de mer, le poivre blanc, l'huile d'olive et les crevettes dans un sac hermétique. Libérer l'air par la méthode de déplacement d'eau, sceller et plonger le sac dans le bain-marie. Cuire pendant 24 minutes.

Une fois la minuterie arrêtée, retirez le sac et transférez-le dans un bain d'eau glacée pendant 10 minutes. Dans un bol, mélanger la tomate, l'avocat, le piment vert et la coriandre. Versez le contenu du sac dessus.

Vivaneau rouge au beurre avec sauce aux agrumes et au safran

Temps de préparation + cuisson : 55 minutes | Portions : 4

Ingrédients

4 morceaux de vivaneau rouge nettoyé

2 cuillères à soupe de beurre

Sel et poivre noir au goût

<u>Pour la sauce aux agrumes</u>

1 citron

1 pamplemousse

1 citron vert

3 oranges

1 cuillère à café de moutarde de Dijon

2 cuillères à soupe d'huile de canola

1 oignon jaune

1 courgette en dés

1 cuillère à café de filaments de safran

1 cuillère à café de piment en dés

1 cuillère à soupe de sucre

3 tasses de bouillon de poisson

3 cuillères à soupe de coriandre hachée

Directions

Préparez un bain-marie et placez-y le Sous Vide. Réglez à 132 F. Assaisonnez les filets de vivaneau avec du sel et du poivre et placez-les dans un sac scellable sous vide. Libérer l'air par la méthode de déplacement d'eau, sceller et plonger le sac dans le bain-marie. Cuire pendant 30 minutes.

Pelez les fruits et coupez-les en cubes. Faire chauffer l'huile dans une poêle à feu moyen et mettre l'oignon et la courgette. Faire sauter pendant 2-3 minutes. Ajouter les fruits, le safran, le poivre, la moutarde et le sucre. Cuire 1 minute de plus. Mélanger le fumet de poisson et laisser mijoter 10 minutes. Garnir de coriandre et réserver. Une fois le minuteur arrêté, retirez le poisson et transférez-le dans une assiette. Napper de sauce aux agrumes et au safran et servir.

Filet de cabillaud en croûte de sésame

Temps de préparation + cuisson : 45 minutes | Portions : 2

Ingrédients

1 gros filet de cabillaud

2 cuillères à soupe de pâte de sésame

1½ cuillère à soupe de cassonade

2 cuillères à soupe de sauce de poisson

2 cuillères à soupe de beurre

graines de sésame

Directions

Préparez un bain-marie et placez-y le Sous Vide. Réglé à 131 F.

Faire tremper la morue avec le mélange cassonade, pâte de sésame et sauce de poisson. Placer dans un sac scellable sous vide. Libérer l'air par la méthode de déplacement d'eau, sceller et plonger le sac dans le bain-marie. Cuire pendant 30 minutes. Faire fondre le beurre dans une poêle à feu moyen.

Une fois le minuteur arrêté, retirez la morue et transférez-la dans la poêle et saisissez-la pendant 1 minute. Servir sur un plateau. Verser le jus de cuisson dans la poêle et cuire jusqu'à réduction. Ajouter 1 cuillère à soupe de beurre et mélanger. Napper le cabillaud de sauce et garnir de graines de sésame. Servir avec du riz.

Saumon crémeux aux épinards et sauce à la moutarde

Temps de préparation + cuisson : 55 minutes | Portions : 2

jeingrédients

4 filets de saumon sans peau

1 gros bouquet d'épinards

½ tasse de moutarde de Dijon

1 tasse de crème épaisse

1 tasse de crème moitié-moitié

1 cuillère à soupe de jus de citron

Sel et poivre noir au goût

Directions

Préparez un bain-marie et placez-y le Sous Vide. Régler à 115 F. Placer le saumon assaisonné de sel dans un sac scellable sous vide. Libérer l'air par la méthode de déplacement d'eau, sceller et plonger le sac dans le bain-marie. Cuire pendant 45 minutes.

Chauffer une casserole à feu moyen et cuire les épinards jusqu'à ce qu'ils soient tendres. Baisser le feu et verser le jus de citron, le poivre et le sel. Continuez la cuisson. Faire chauffer une casserole à feu moyen et mélanger la crème moitié-moitié et la moutarde de Dijon. Baissez le feu et faites cuire. Assaisonnez avec du sel et du poivre. Une fois le minuteur arrêté, retirez le saumon et transférez-le dans une assiette. Arroser de sauce. Servir avec des épinards.

Pétoncles au paprika avec salade fraîche

Temps de préparation + cuisson : 55 minutes | Portions : 4

Ingrédients

1 livre de pétoncles

1 cuillère à café d'ail en poudre

½ cuillère à café de poudre d'oignon

½ cuillère à café de paprika

¼ cuillère à café de poivre de Cayenne

Sel et poivre noir au goût

salade

3 tasses de grains de maïs

½ pinte de tomates cerises coupées en deux

1 poivron rouge coupé en dés

2 cuillères à soupe de persil frais haché

Pansement

1 cuillère à soupe de basilic frais

1 citron en quartiers

Directions

Préparez un bain-marie et placez-y le Sous Vide. Réglez à 122 F.

Placer les coquilles Saint-Jacques dans un sac hermétique. Assaisonnez avec du sel et du poivre. Dans un bol, mélanger la poudre d'ail, le paprika, la poudre d'oignon et le poivre de Cayenne. Verser à l'intérieur. Libérer l'air par la méthode de déplacement d'eau, sceller et plonger le sac dans le bain-marie. Cuire pendant 30 minutes.

Pendant ce temps, préchauffez le four à 400 F. Dans une plaque allant au four, mettez les grains de maïs et le poivron rouge. Arroser d'huile d'olive et assaisonner de sel et de poivre. Cuire pendant 5-10 minutes. Transférer dans un bol et mélanger avec le persil. Dans un bol, bien mélanger les ingrédients de la vinaigrette et verser sur les grains de maïs.

Une fois le minuteur arrêté, retirez le sac et transférez-le dans une poêle chaude. Faire dorer 2 minutes de chaque côté. Servir sur un plateau, les Saint-Jacques et la salade. Garnir de basilic et de quartier de citron.

Pétoncles en sauce à la mangue

Temps de préparation + cuisson : 50 minutes | Portions : 4

Ingrédients

1 livre de gros pétoncles

1 cuillère à soupe de beurre

sauce

1 cuillère à soupe de jus de citron

2 cuillères à soupe d'huile d'olive

Garnir

1 cuillère à soupe de zeste de citron vert

1 cuillère à soupe de zeste d'orange

1 tasse de mangue en dés

1 piment Serrano finement tranché

2 cuillères à soupe de feuilles de menthe hachées

Directions

Placer les coquilles Saint-Jacques dans un sac hermétique. Assaisonnez avec du sel et du poivre. Laisser refroidir au réfrigérateur toute la nuit. Préparez un bain-marie et placez-y le Sous Vide. Réglez sur 122 F. Libérez l'air par la méthode de déplacement d'eau, scellez et plongez le sac dans le bain-marie. Cuire 15-35 minutes.

Faire chauffer une poêle à feu moyen. Dans un bol, bien mélanger les ingrédients de la sauce. Une fois la minuterie arrêtée, retirez les pétoncles et transférez-les dans la poêle et faites-les saisir jusqu'à ce qu'ils soient dorés. Servir dans une assiette. Arroser de sauce et ajouter les ingrédients de la garniture.

Poireau et crevettes avec vinaigrette à la moutarde

Temps de préparation + cuisson : 1h20 | Portions : 4

jeingrédients

6 poireaux
5 cuillères à soupe d'huile d'olive
Sel et poivre noir au goût
1 échalote, hachée
1 cuillère à soupe de vinaigre de riz
1 cuillère à café de moutarde de Dijon
1/3 livre de crevettes de baie cuites
Persil frais haché

Directions

Préparez un bain-marie et placez-y le Sous Vide. Réglé à 183 F.

Coupez le haut des poireaux et retirez les parties inférieures. Lavez-les à l'eau froide et arrosez-les d'1 cuillère à soupe d'huile d'olive. Assaisonnez avec du sel et du poivre. Placer dans un sac scellable sous vide. Libérer l'air par la méthode de déplacement d'eau, sceller et plonger le sac dans le bain-marie. Cuire pendant 1 heure.

Pendant ce temps, pour la vinaigrette, dans un bol, mélanger l'échalote, la moutarde de Dijon, le vinaigre et 1/4 tasse d'huile d'olive. Assaisonnez avec du sel et du poivre. Une fois la minuterie arrêtée, retirez le sac et transférez-le dans un bain d'eau glacée. Laisser refroidir. Mettre les poireaux dans 4 assiettes et assaisonner de sel. Ajouter les crevettes et arroser de vinaigrette. Garnir de persil.

Soupe de crevettes à la noix de coco

Temps de préparation + cuisson : 55 minutes | Portions : 6

Ingrédients

8 grosses crevettes crues décortiquées et déveinées

1 cuillère à soupe de beurre

Sel et poivre noir au goût

<u>Pour la soupe</u>

1 livre de courgettes

4 cuillères à soupe de jus de citron vert

2 oignons jaunes, hachés

1-2 petits piments rouges, hachés finement

1 tige de citronnelle, partie blanche seulement, hachée

1 cuillère à café de pâte de crevettes

1 cuillère à café de sucre

1½ tasse de lait de coco

1 cuillère à café de pâte de tamarin

1 tasse d'eau

½ tasse de crème de noix de coco

1 cuillère à soupe de sauce de poisson

2 cuillères à soupe de basilic frais, haché

Directions

Préparez un bain-marie et placez-y le Sous Vide. Réglez à 142 F. Placez les crevettes et le beurre dans un sac scellable sous vide. Assaisonnez avec du sel et du poivre. Libérer l'air par la méthode de déplacement d'eau, sceller et plonger le sac dans le bain-marie. Cuire 15-35 minutes.

Pendant ce temps, épluchez les courgettes et jetez les graines. Hacher en cubes. Dans un robot culinaire, ajouter l'oignon, la citronnelle, le piment, la pâte de crevettes, le sucre et 1/2 tasse de lait de coco. Mixer jusqu'à purée.

Faites chauffer une casserole à feu doux et mélangez le mélange d'oignons, le lait de coco restant, la pâte de tamarin et l'eau. Ajouter les courgettes et cuire 10 minutes.

Une fois le minuteur arrêté, retirez les crevettes et transférez-les dans la soupe. Fouetter la crème de coco, le jus de citron vert et le basilic. Servir dans des bols à soupe.

Saumon au miel avec nouilles soba

Temps de préparation + cuisson : 40 minutes | Portions : 4

Ingrédients

Saumon

6 oz de filets de saumon, avec peau

Sel et poivre noir au goût

1 cuillère à café d'huile de sésame

1 tasse d'huile d'olive

1 cuillère à soupe de gingembre frais, râpé

2 cuillères à soupe de miel

Soba au sésame

4 onces de nouilles soba sèches

1 cuillère à soupe d'huile de pépins de raisin

2 gousses d'ail, hachées

½ tête de chou-fleur

3 cuillères à soupe de tahini

1 cuillère à café d'huile de sésame

2 cuillères à café d'huile d'olive

¼ de jus de citron vert

1 tige d'oignon vert tranchée

¼ tasse de coriandre, hachée grossièrement

1 cuillère à café de graines de pavot grillées

Quartiers de citron vert pour la garniture

Graines de sésame pour la garniture

2 cuillères à soupe de coriandre, hachée

Directions

Préparez un bain-marie et placez-y le Sous Vide. Réglez à 123 F. Assaisonnez le saumon avec du sel et du poivre. Dans un bol, mélanger l'huile de sésame, l'huile d'olive, le gingembre et le miel. Placer le saumon et le mélange dans un sac hermétique. Bien agiter. Libérer l'air par la méthode de déplacement d'eau, sceller et plonger le sac dans le bain-marie. Cuire pendant 20 minutes.

Pendant ce temps, préparez les nouilles soba. Chauffer l'huile de pépins de raisin dans une poêle à feu vif et faire sauter le chou-fleur et l'ail pendant 6 à 8 minutes. Dans un bol, bien mélanger le tahini, l'huile d'olive, l'huile de sésame, le jus de lime, la coriandre, les oignons verts et les graines de sésame grillées. Égouttez les nouilles et ajoutez-les au chou-fleur.

Faire chauffer une poêle à feu vif. Couvrir d'une feuille de papier cuisson. Une fois le minuteur arrêté, retirez le saumon et transférez-le dans la poêle. Faire revenir 1 minute. Servir les nouilles dans deux bols et ajouter le saumon. Garnir de quartiers de lime, de graines de pavot et de coriandre.

Homard Gourmet à la Mayonnaise

Temps de préparation + cuisson : 40 minutes | Portions : 2

Ingrédients

2 queues de homard

1 cuillère à soupe de beurre

2 oignons doux, hachés

3 cuillères à soupe de mayonnaise

Sel au goût

Une pincée de poivre noir

2 cuillères à café de jus de citron

Directions

Préparez un bain-marie et placez-y le Sous Vide. Réglé à 138 F.

Faire chauffer l'eau dans une casserole à feu vif, jusqu'à ébullition. Ouvrez les coquilles de queues de homard et plongez-les dans l'eau. Cuire pendant 90 secondes. Transférer dans un bain d'eau glacée. Laisser refroidir pendant 5 minutes. Cassez les coquilles et retirez les queues.

Placer les queues avec du beurre dans un sac hermétique. Libérer l'air par la méthode de déplacement d'eau, sceller et plonger le sac dans le bain-marie. Cuire pendant 25 minutes.

Une fois le minuteur arrêté, retirez les queues et séchez-les. Siège de côté. Laisser refroidir 30 minutes. Dans un bol, mélanger la mayonnaise, les oignons doux, le poivre et le jus de citron. Hacher les queues, ajouter au mélange de mayonnaise et bien mélanger. Servir avec du pain grillé.

Cocktail de crevettes de fête

Temps de préparation + cuisson : 40 minutes | Portions : 2

Ingrédients

1 livre de crevettes, décortiquées et déveinées

Sel et poivre noir au goût

4 cuillères à soupe d'aneth frais, haché

1 cuillère à soupe de beurre

4 cuillères à soupe de mayonnaise

2 cuillères à soupe d'oignons verts, émincés

2 cuillères à café de jus de citron fraîchement pressé

2 cc de purée de tomates

1 cuillère à soupe de tabasco

4 petits pains oblongs

8 feuilles de laitue

½ citron, coupé en quartiers

Directions

Préparez un bain-marie et placez-y le Sous Vide. Régler à 149 F. Pour l'assaisonnement, bien mélanger la mayonnaise, les oignons verts, le jus de citron, la purée de tomates et la sauce Tabasco. Assaisonnez avec du sel et du poivre.

Placer les crevettes et l'assaisonnement dans un sac hermétique. Ajouter 1 cuillère à soupe d'aneth et 1/2 cuillère à soupe de beurre dans chaque paquet. Libérer l'air par la méthode de déplacement d'eau, sceller et plonger le sac dans le bain-marie. Cuire pendant 15 minutes.

Préchauffez le four à plus de 400 F. et faites cuire les petits pains pendant 15 minutes. Une fois le minuteur arrêté, retirez le sac et égouttez. Mettre les crevettes dans un bol avec la vinaigrette et bien mélanger. Servir sur les rouleaux de laitue au citron.

Saumon citronné aux fines herbes

Temps de préparation + cuisson : 45 minutes | Portions : 2

Ingrédients

2 filets de saumon sans peau

Sel et poivre noir au goût

¾ tasse d'huile d'olive extra vierge

1 échalote, tranchée en fines rondelles

1 cuillère à soupe de feuilles de basilic, légèrement hachées

1 cuillère à café de piment

3 oz de légumes verts mélangés

1 citron

Directions

Préparez un bain-marie et placez-y le Sous Vide. Réglez à 128 F.

Placer le saumon et assaisonner de sel et de poivre dans un sac hermétique. Ajouter les rondelles d'échalote, l'huile d'olive, le piment de la Jamaïque et le basilic. Libérer l'air par la méthode de déplacement d'eau, sceller et plonger le sac dans le bain-marie. Cuire pendant 25 minutes.

Une fois le minuteur arrêté, retirez le sac et transférez le saumon dans une assiette. Mélanger le jus de cuisson avec un peu de jus de citron et napper les filets de saumon. Servir.

Queues de homard au beurre salé

Temps de préparation + cuisson : 1h10 | Portions : 2

Ingrédients

8 cuillères à soupe de beurre

2 queues de homard, carapaces retirées

2 brins d'estragon frais

2 cuillères à soupe de sauge

Sel au goût

quartiers de citron

Directions

Préparez un bain-marie et placez-y le Sous Vide. Réglé à 134 F.

Placer les queues de homard, le beurre, le sel, la sauge et l'estragon dans un sac hermétique. Libérer l'air par la méthode de déplacement d'eau, sceller et plonger le sac dans le bain-marie. Cuire pendant 60 minutes.

Une fois le minuteur arrêté, retirez le sac et transférez le homard dans une assiette. Saupoudrer de beurre dessus. Garnir de quartiers de citron.

Saumon thaï avec chou-fleur et nouilles aux œufs

Temps de préparation + cuisson : 55 minutes | Portions : 2

Ingrédients

2 filets de saumon avec peau

Sel et poivre noir au goût

1 cuillère à soupe d'huile d'olive

4½ cuillères à soupe de sauce soja

2 cuillères à soupe de gingembre frais haché

2 piments thaïlandais tranchés finement

6 cuillères à soupe d'huile de sésame

4 oz de nouilles aux œufs préparées

6 oz de bouquets de chou-fleur cuits

5 cc de graines de sésame

Directions

Préparez un bain-marie et placez-y le Sous Vide. Réglez à 149 F. Préparez une plaque à pâtisserie tapissée de papier d'aluminium et mettez le saumon, assaisonnez de sel et de poivre et recouvrez d'une autre feuille d'aluminium. Cuire au four pendant 30 minutes.

Retirer le saumon cuit au four dans un sac scellable sous vide. Libérer l'air par la méthode de déplacement d'eau, sceller et plonger le sac dans le bain-marie. Cuire pendant 8 minutes.

Dans un bol, mélanger le gingembre, les piments, 4 cuillères à soupe de sauce soja et 4 cuillères à soupe d'huile de sésame. Une fois le minuteur arrêté, retirez le sac et transférez le saumon dans un bol à nouilles. Garnir de graines grillées et de peau de saumon. Saupoudrer de sauce gingembre-piments et servir.

Bar léger à l'aneth

Temps de préparation + cuisson : 35 minutes | Portions : 3

Ingrédients

1 livre de bar chilien, sans peau
1 cuillère à soupe d'huile d'olive
Sel et poivre noir au goût
1 cuillère à soupe d'aneth

Directions

Préparez un bain-marie et placez-y le Sous Vide. Réglez à 134 F. Assaisonnez le bar avec du sel et du poivre et placez-le dans un sac hermétique. Ajouter l'aneth et l'huile d'olive. Libérer l'air par la méthode de déplacement d'eau, sceller et plonger le sac dans le bain-marie. Cuire pendant 30 minutes. Une fois le minuteur arrêté, retirez le sac et transférez le bar dans une assiette.

Sauté de crevettes au piment doux

Temps de préparation + cuisson : 40 minutes | Portions : 6

Ingrédients

1½ livre de crevettes

3 piments rouges séchés

1 cuillère à soupe de gingembre râpé

6 gousses d'ail écrasées

2 cuillères à soupe de vin de champagne

1 cuillère à soupe de sauce soja

2 cuillères à café de sucre

½ cuillère à café de fécule de maïs

3 oignons verts, hachés

Directions

Préparez un bain-marie et placez-y le Sous Vide. Réglez à 135 F.

Mélanger le gingembre, les gousses d'ail, les piments, le champagne, le sucre, la sauce soja et la fécule de maïs. Placer les crevettes décortiquées avec le mélange dans un sac scellable sous vide. Libérer l'air par la méthode de déplacement d'eau, sceller et plonger dans le bain-marie. Cuire pendant 30 minutes.

Placer les oignons verts dans une poêle à feu moyen. Ajouter l'huile et cuire 20 secondes. Une fois le minuteur arrêté, retirez les crevettes cuites et transférez-les dans un bol. Garnir d'oignon. Servir avec du riz.

Crevettes thaïlandaises fruitées

Temps de préparation + cuisson : 25 minutes | Portions : 4

Ingrédients

2 livres de crevettes décortiquées et déveinées

4 morceaux de papaye pelée et râpée

2 échalotes, tranchées

¾ tasse de tomates cerises, coupées en deux

2 cuillères à soupe de basilic, haché

¼ tasse de cacahuètes grillées à sec

Vinaigrette thaïlandaise

¼ tasse de jus de citron vert

6 cuillères à soupe de sucre

5 cuillères à soupe de sauce de poisson

4 gousses d'ail

4 petits piments rouges

Directions

Préparez un bain-marie et placez-y le Sous Vide. Réglez à 135 F. Placez les crevettes dans un sac scellable sous vide. Libérer l'air par la méthode de déplacement d'eau, sceller et plonger le sac dans le bain-marie. Cuire pendant 15 minutes. Bien mélanger dans un bol le jus de citron vert, la sauce de poisson et le sucre. Écraser l'ail et les piments. Ajouter au mélange de vinaigrette.

Une fois le minuteur arrêté, retirez les crevettes du sac et transférez-les dans un bol. Ajouter la papaye, le basilic thaï, les échalotes, la tomate et les cacahuètes. Glacer avec la vinaigrette.

Plat de crevettes au citron à la dublinoise

Temps de préparation + cuisson : 1h15 | Portions : 4

Ingrédients

4 cuillères à soupe de beurre

2 cuillères à soupe de jus de citron vert

2 gousses d'ail frais, hachées

1 cuillère à café de zeste de citron vert frais

Sel et poivre noir au goût

1 livre de crevettes géantes, décortiquées et déveinées

½ tasse de chapelure panko

1 cuillère à soupe de persil frais, haché

Directions

Préparez un bain-marie et placez-y le Sous Vide. Réglez à 135 F.

Chauffer 3 cuillères à soupe de beurre dans une poêle à feu moyen et ajouter le jus de citron vert, le sel, le poivre, l'ail et le zeste. Laisser refroidir pendant 5 minutes. Placer les crevettes et le mélange dans un sac hermétique. Libérer l'air par la méthode de déplacement d'eau, sceller et plonger le sac dans le bain-marie. Cuire pendant 30 minutes.

Pendant ce temps, chauffer le beurre dans une poêle à feu moyen et faire griller la chapelure panko. Une fois le minuteur arrêté, retirez les crevettes et transférez-les dans une marmite à feu vif et faites-les cuire avec le jus de cuisson. Servir dans 4 bols à soupe et garnir de chapelure.

Pétoncles juteux avec sauce chili à l'ail

Temps de préparation + cuisson : 75 minutes | Portions : 2

Ingrédients

2 cuillères à soupe de poudre de curry jaune

1 cuillère à soupe de pâte de tomate

½ tasse de crème de noix de coco

1 cuillère à café de sauce chili à l'ail

1 cuillère à soupe de jus de citron

6 pétoncles

Riz brun cuit, pour servir

Coriandre fraîche, hachée

Directions

Préparez un bain-marie et placez-y le Sous Vide. Réglé à 134 F.

Mélanger la crème de noix de coco, la pâte de tomate, la poudre de curry, le jus de citron vert et la sauce chili-ail. Placer le mélange avec les coquilles Saint-Jacques dans un sachet hermétique. Libérer l'air par la méthode de déplacement d'eau, sceller et plonger le sac dans le bain-marie. Cuire pendant 60 minutes.

Une fois le minuteur arrêté, retirez le sac et transférez dans une assiette. Servir le riz brun et garnir de pétoncles. Garnir de coriandre.

Crevettes au curry avec nouilles

Temps de préparation + cuisson : 25 minutes | Portions : 2

Ingrédients

1 livre de crevettes, avec la queue

8 oz de nouilles vermicelles, cuites et égouttées

1 cuillère à café de vin de riz

1 cuillère à café de curry en poudre

1 cuillère à soupe de sauce soja

1 oignon vert, tranché

2 cuillères à soupe d'huile végétale

Directions

Préparez un bain-marie et placez-y le Sous Vide. Réglez à 149 F. Placez les crevettes dans un sac hermétique. Libérer l'air par la méthode de déplacement d'eau, sceller et plonger le sac dans le bain-marie. Cuire pendant 15 minutes.

Chauffer l'huile dans une poêle à feu moyen et ajouter le vin de riz, la poudre de curry et la sauce soja. Bien mélanger et combiner les nouilles. Une fois le minuteur arrêté, retirez les crevettes et transférez-les dans le mélange de nouilles. Garnir d'oignon vert.

Cabillaud crémeux salé au persil

Temps de préparation + cuisson : 40 minutes | Portions : 6

Ingrédients

Pour le cabillaud

6 filets de cabillaud

Sel au goût

1 cuillère à soupe d'huile d'olive

3 brins de persil frais

Pour la sauce

1 verre de vin blanc

1 tasse de crème moitié-moitié

1 oignon blanc finement haché

2 cuillères à soupe d'aneth, haché

2 cuillères à café de grains de poivre noir

Directions

Préparez un bain-marie et placez-y le Sous Vide. Réglez à 148 F.

Placer assaisonné de filets de morue salée dans des sachets hermétiques. Ajouter l'huile d'olive et le persil. Libérer l'air par la méthode de déplacement d'eau, sceller et plonger le sac dans le bain-marie. Cuire pendant 30 minutes.

Faire chauffer une casserole à feu moyen, ajouter le vin, l'oignon, les grains de poivre noir et cuire jusqu'à réduction. Incorporer la crème moitié-moitié jusqu'à épaississement. Une fois le minuteur arrêté, mettez le poisson dans une assiette et arrosez-le de sauce.

Pot de Rillettes au Saumon

Temps de préparation + cuisson : 2 heures 30 minutes | Portions : 2

Ingrédients

½ livre de filets de saumon, peau enlevée

1 cuillère à café de sel de mer

6 cuillères à soupe de beurre

1 oignon, haché

1 gousse d'ail, hachée

1 cuillère à soupe de jus de citron vert

Directions

Préparez un bain-marie et placez-y le Sous Vide. Réglez à 130 F. Placez le saumon, le beurre non salé, le sel de mer, les gousses d'ail, l'oignon et le jus de citron dans un sac hermétique. Libérer l'air par la méthode de déplacement d'eau, sceller et plonger le sac dans le bain-marie. Cuire pendant 20 minutes.

Une fois le minuteur arrêté, retirer le saumon et le transférer dans 8 petits bols. Assaisonnez avec le jus de cuisson. Laisser refroidir au réfrigérateur pendant 2 heures. Servir avec des tranches de pain grillé.

Saumon à la sauge avec purée de pommes de terre à la noix de coco

Temps de préparation + cuisson : 1h30 | Portions : 2

Ingrédients

2 filets de saumon, avec peau
2 cuillères à soupe d'huile d'olive
2 brins de sauge
4 gousses d'ail
3 pommes de terre, pelées et hachées
¼ tasse de lait de coco
1 botte de blettes arc-en-ciel
1 cuillère à soupe de gingembre râpé
1 cuillère à soupe de sauce soja
Sel de mer au goût

Directions

Préparez un bain-marie et placez-y le Sous Vide. Réglez à 122 F. Placez le saumon, la sauge, l'ail et l'huile d'olive dans un sac hermétique. Libérer l'air par la méthode de déplacement d'eau, sceller et plonger le sac dans le bain-marie. Cuire pendant 1 heure.

Chauffez un four à 375 F. Badigeonnez les pommes de terre d'huile et faites cuire pendant 45 minutes. Transférer les pommes de terre dans un mélangeur et ajouter le lait de coco. Assaisonnez avec du sel et du poivre. Mélanger pendant 3 minutes, jusqu'à consistance lisse.

Chauffer l'huile d'olive dans une poêle à feu moyen et faire revenir le gingembre, la bette à carde et la sauce soja.

Une fois le minuteur arrêté, retirez le saumon et transférez-le dans une poêle chaude. Faire revenir 2 minutes. Transférer dans une assiette, ajouter la purée de pommes de terre et garnir d'omble chevalier pour servir.

Bol bébé pieuvre à l'aneth

Temps de préparation + cuisson : 60 minutes | Portions : 4

Ingrédients

1 livre de bébé poulpe

1 cuillère à soupe d'huile d'olive

1 cuillère à soupe de jus de citron fraîchement pressé

Sel et poivre noir au goût

1 cuillère à soupe d'aneth

Directions

Préparez un bain-marie et placez-y le Sous Vide. Réglez à 134 F. Placez la pieuvre dans un sac hermétique. Libérer l'air par la méthode de déplacement d'eau, sceller et plonger le sac dans le bain-marie. Cuire pendant 50 minutes. Une fois le minuteur arrêté, retirez le poulpe et séchez-le. Mélanger le poulpe avec un peu d'huile d'olive et de jus de citron. Assaisonner avec du sel, du poivre et de l'aneth.

Saumon Salé Sauce Hollandaise

Temps de préparation + cuisson : 1h50 | Portions : 4

jeingrédients

4 filets de saumon

Sel au goût

<u>sauce hollandaise</u>

4 cuillères à soupe de beurre

1 jaune d'oeuf

1 cuillère à café de jus de citron

1 cuillère à café d'eau

½ échalote coupée en dés

Une pincée de paprika

Directions

Assaisonner le saumon avec du sel. Laisser refroidir 30 minutes. Préparez un bain-marie et placez-y le Sous Vide. Réglez à 148 F. Placez tous les ingrédients de la sauce dans un sac hermétique. Libérer l'air par la méthode de déplacement d'eau, sceller et plonger le sac dans le bain-marie. Cuire pendant 45 minutes.

Une fois le chronomètre arrêté, retirez le sac. Mettre de côté. Abaissez la température du Sous Vide à 120 F et placez le saumon dans un sac scellable sous vide. Libérer l'air par la méthode de déplacement d'eau, sceller et plonger le sac dans le bain-marie. Cuire pendant 30 minutes. Transférer la sauce dans un mélangeur et mélanger jusqu'à ce qu'elle soit jaune clair. Une fois le minuteur arrêté, retirez le saumon et séchez-le. Servir nappé de sauce.

Incroyable saumon citronné au basilic

Temps de préparation + cuisson : 35 minutes | Portions : 4

Ingrédients

2 livres de saumon

2 cuillères à soupe d'huile d'olive

1 cuillère à soupe de basilic ciselé

Zest de 1 citron

Jus de 1 citron

¼ cuillère à café d'ail en poudre

Sel de mer et poivre noir au goût

Directions

Préparez un bain-marie et placez-y le Sous Vide. Réglez à 115 F. Placez le saumon dans un sac scellable sous vide. Libérer l'air par la méthode de déplacement d'eau, sceller et plonger le sac dans le bain-marie. Cuire pendant 30 minutes.

Pendant ce temps, dans un bol, bien mélanger le poivre, le sel, le basilic, le jus de citron et la poudre d'ail jusqu'à émulsion. Une fois le minuteur arrêté, retirez le saumon et transférez-le dans une assiette. Réservez le jus de cuisson. Faire chauffer l'huile d'olive dans une poêle à feu vif et faire revenir les tranches d'ail. Réserver l'ail. Mettre le saumon dans la poêle et cuire 3 minutes jusqu'à ce qu'il soit doré. Assiette et garnir avec les tranches d'ail.

Bouchées d'œufs au saumon et aux asperges

Temps de préparation + cuisson : 70 minutes | Portions : 6

Ingrédients

6 oeufs entiers

¼ tasse de crème fraîche

¼ tasse de fromage de chèvre

4 pointes d'asperges

2 onces de saumon fumé

2 onces de fromage de chèvre

½ oz d'échalote hachée

2 cuillères à café d'aneth frais haché

Sel et poivre noir au goût

Directions

Préparez un bain-marie et placez-y le Sous Vide. Réglez à 172 F. Mélangez les œufs, la crème fraîche, le fromage de chèvre et le sel. Coupez les asperges en dés et ajoutez-les au mélange avec les échalotes. Coupez le saumon et ajoutez-le également au bol. Ajouter l'aneth. Bien mélanger.

Ajouter le mélange d'œufs et de saumon dans 6 bocaux. Ajouter 1/6 de chèvre dans les bocaux, sceller et plonger les bocaux dans le bain-marie. Cuire pendant 60 minutes. Une fois le minuteur arrêté, retirez les bocaux et recouvrez de sel.

Crevettes à la moutarde à l'ail

Temps de préparation + cuisson : 2 heures 45 minutes | Portions : 2

Ingrédients

½ cuillère à café de graines de moutarde jaune

¼ cuillère à café de graines de céleri

½ cuillère à café de flocons de piment rouge

½ cuillère à café de graines de coriandre

½ cuillère à café de graines de fenouil

¾ tasse d'huile d'olive

½ tasse de jus de citron fraîchement pressé

4 cuillères à soupe de vinaigre de riz

Sel et poivre noir au goût

1 feuilles de laurier

1 cuillère à soupe d'assaisonnement Old Bay

2 gousses d'ail, tranchées très finement

1 livre de crevettes déveinées

½ oignon jaune, coupé en fines tranches

Directions

Préparez un bain-marie et placez-y le Sous Vide. Réglé à 149 F.

Faire chauffer une casserole à feu moyen et faire griller les graines de moutarde, les flocons de piment rouge, le céleri, le fenouil et les graines de coriandre. Cuire jusqu'à éclatement. Réserver et laisser refroidir.

Dans un bocal en conserve versez l'huile d'olive, le jus de citron, les épices grillées, le poivre noir, le vinaigre de riz, les feuilles de laurier, les gousses d'ail et l'assaisonnement. Fermez et plongez les bocaux dans le bain-marie. Cuire pendant 30 minutes.

Une fois le minuteur arrêté, retirez les bocaux et laissez refroidir 5 minutes. Transférer dans un bain d'eau glacée pour refroidir. Mettre au réfrigérateur pendant 2 heures avant de servir.

Délicieux risotto au homard et au fromage

Temps de préparation + cuisson : 55 minutes | Portions : 4

Ingrédients

1 grand homard, carapace retirée
Sel et poivre noir au goût
6 cuillères à soupe de beurre
2½ tasses de bouillon de poulet
¾ tasse de riz arborio
2 cuillères à soupe de vin rouge
¼ tasse de fromage Grana Padano râpé
2 ciboulette ciselée

Directions

Préparez un bain-marie et placez-y le Sous Vide. Réglez à 138 F. Assaisonnez le homard avec du sel et du poivre et placez-le dans un sac hermétique avec 3 cuillères à soupe de beurre. Libérer l'air par la méthode de déplacement d'eau, sceller et plonger le sac dans le bain-marie. Cuire pendant 25 minutes.

Faites chauffer 3 cuillères à soupe de beurre dans une poêle à feu moyen et faites cuire le riz. Incorporer 1/4 tasse de bouillon de poulet. Poursuivre la cuisson jusqu'à évaporation du bouillon.

Ajouter 1/4 tasse de bouillon de poulet plus. Répétez l'opération pendant 15 minutes jusqu'à ce que le riz soit crémeux.

Une fois le minuteur arrêté, retirez le homard et coupez-le en bouchées. Ajouter le homard au riz. Incorporer le bouillon de poulet restant et le vin rouge. Cuire jusqu'à ce que le liquide soit absorbé. Garnir de fromage Grana Padano et assaisonner de sel et de poivre. Garnir de ciboulette et plus de fromage.

Fromage Tabasco Edamame à l'ail

Temps de préparation + cuisson : 1 heure 6 minutes | Portions : 4

Ingrédients

1 cuillère à soupe d'huile d'olive

4 tasses d'edamame frais en gousses

1 cuillère à café de sel

1 gousse d'ail, hachée

1 cuillère à soupe de flocons de piment rouge

1 cuillère à soupe de tabasco

Directions

Préparez un bain-marie et placez-y le Sous Vide. Réglez à 186 F.

Faites chauffer une casserole avec de l'eau à feu vif et blanchissez les pots d'edamame pendant 60 secondes. Les égoutter et les transférer dans un bain d'eau glacée. Mélanger l'ail, les flocons de piment rouge, la sauce Tabasco et l'huile d'olive.

Placez les edamames dans un sac hermétique. Verser la sauce Tabasco. Libérer l'air par la méthode de déplacement d'eau, sceller et plonger le sac dans le bain-marie. Cuire pendant 1 heure. Une fois le minuteur arrêté, retirez le sachet et transférez dans un bol et servez.

www.ingramcontent.com/pod-product-compliance
Lightning Source LLC
Chambersburg PA
CBHW070356120526
44590CB00014B/1159